中南经济论丛

ZHONGNAN JINGJI LUNCONG

李珊珊 著

国家自然科学
域碳生产率影
基于地方政府

中国工业环境规制的劳动力效应研究

ZHONGGUO GONGYE HUANJING

GUIZHI DE LAODONGLI

XIAOYING YANJIU

中国财经出版传媒集团
经济科学出版社
Economic Science Press

图书在版编目（CIP）数据

中国工业环境规制的劳动力效应研究/李珊珊著．
—北京：经济科学出版社，2017.3
（中南经济论丛）
ISBN 978 – 7 – 5141 – 7744 – 2

Ⅰ.①中…　Ⅱ.①李…　Ⅲ.①环境规划 – 影响 –
劳动力 – 研究 – 中国　Ⅳ.①F249.21

中国版本图书馆 CIP 数据核字（2017）第 021879 号

责任编辑：周秀霞
责任校对：王苗苗
责任印制：潘泽新

中国工业环境规制的劳动力效应研究

李珊珊　著

经济科学出版社出版、发行　新华书店经销
社址：北京市海淀区阜成路甲 28 号　邮编：100142
总编部电话：010 – 88191217　发行部电话：010 – 88191522
网址：www. esp. com. cn
电子邮件：esp@ esp. com. cn
天猫网店：经济科学出版社旗舰店
网址：http://jjkxcbs. tmall. com
北京汉德鼎印刷有限公司印装
710 × 1000　16 开　12 印张　180000 字
2017 年 4 月第 1 版　2017 年 4 月第 1 次印刷
ISBN 978 – 7 – 5141 – 7744 – 2　定价：39.00 元
（图书出现印装问题，本社负责调换。电话：010 – 88191510）
（版权所有　侵权必究　举报电话：010 – 88191586
电子邮箱：dbts@ esp. com. cn）

前　言

　　国内外学者关于环境规制对经济发展或生态环境质量的影响进行了很多研究，其中探讨了环境规制影响经济增长、贸易模式、FDI 选址以及生态环境质量的相关理论。在此基础上，国外学者进一步研究了环境规制对工业劳动力就业规模、结构、收入以及劳动生产率的影响，而国内学者对此研究很有限，仅有几篇相关文献对环境规制的就业规模、劳动生产率效应进行初步考察，由此，在引进国外研究成果的基础上，本书以中国工业为样本进行延伸与补充，系统、深入研究环境规制对中国工业劳动力就业规模、结构、收入以及劳动生产率影响的内在机理，具有较深的理论价值。

　　"十二五"规划纲要提出"生态环境质量明显改善"、"就业持续增加"、"收入分配改革"的战略：我国要"坚持把建设资源节约型、环境友好型社会作为加快转变经济发展方式的重要着力点"，同时，"把促进就业放在经济社会发展优先位置"，"城镇居民人均可支配收入和农村居民人均纯收入分别年均增长 7% 以上"，"努力实现居民收入增长和经济发展同步、劳动报酬增长和劳动生产率提高同步"，旨在"促进经济社会发展与人口资源环境相协调，走可持续发展之路"。2013 年两会政府工作报告还进一步明确了该年度的预期目标："控制能源消费总量"、"城镇新增就业 900 万人以上"以及"劳动报酬增长和劳动生产率提高同步",这意味着节能减排的侧重点从 2012 年两会报告的"淘汰落后产能"逐步向节能减排技术升级转变。那么,如何兼顾节能减排目标与就业、劳动力收入以及劳动生产率增长目标?本书以此为切入点,探讨开放经济条件下基于劳动力特征的中国环境规制的转型方向、目标与内容,有利于优化环境规制方式和强度,实现经济社会和人口资源环境的可持续发展。

本书内容主要围绕以下几个方面展开:第一,综述国内外与环境规制相关的理论研究基础,并针对环境规制对经济发展、生态环境质量的影响,以及环境规制对劳动力就业规模、结构、收入以及劳动生产率影响的相关文献与研究进展进行了总结与述评;第二,总结中国环境规制的历史演变,并测度了中国工业环境规制水平、工业劳动生产率及其分解因素水平;第三,分析了环境规制对工业劳动力就业规模与结构影响的内在机制,并运用省际工业、工业行业面板数据实证检验了环境规制对劳动力就业规模与结构的影响;第四,分析了环境规制对工业劳动力收入影响的内在机制,并运用工业行业面板数据实证检验了环境规制对工业劳动力收入的影响;第五,分析了环境规制对工业劳动生产率影响的内在机制,并运用省际工业面板数据实证检验了环境规制对劳动生产率的影响。具体而言,本书分 7 个章节。

第一章为导论。首先阐述了选题的背景以及选题的理论与实践意义,提出了研究的基本思路,包括研究目标、研究框架、研究内容与研究方法,总结了研究的创新之处,并指明了未来可能进一步研究的方向。

第二章为文献综述。首先阐述了与本书选题相关的环境规制理论基础,包括环境规制动机、方式与竞争,以及环境库兹涅茨曲线理论等反映环境规制测度、经济发展与生态环境关系的相关理论，在此基础上，分别回顾并梳理了环境规制对经济发展、生态环境质量影响的国内外文献，整理了近年来国外学者关于环境规制对劳动力就业规模、结构、收入以及劳动生产率影响的研究成果，以及国内的初步研究概况。最后，作出了简要述评与研究展望。

第三章为中国工业环境规制与劳动生产率的演变趋势。首先区分不同阶段考察环境规制的演变历史，包括改革开放至社会主义市场经济体制基本建立、社会主义市场经济体制逐步建立至加入 WTO、加入 WTO 至今三个阶段，然后运用工业三废排放数据测度了中国工业环境规制水平，并基于柯布－道格拉斯生产函数的推导对工业劳动生产率进行了分解与测度。

第四章为环境规制对工业劳动力就业规模影响的实证分析。其中，关于环境规制对工业劳动力就业规模的影响，本部分借鉴 AK 模型中引入环境污染强度的方法，将环境污染强度作为环境要素引入 C－D 函数，并运用 1995～2012 年中国 28 个省级动态面板数据考察环境规制对异质性劳动力就业的影响。研究发现：总体来看，环境规制与中国工业就业规模之间存在 U 型曲线的动态关系，即呈现先抑制后促进的作用；从不同收入水平地区来看，高收入地区环境规制对就业规模的影响表现为先抑制后促进的作用，中等收入地区环境规制的就业规模效应不显著，低收入地区环境规制会明显促进就业规模增长；从不同劳动力受教育程度地区来看，高教育和中等教育程度地区环境规制的就业规模效应呈现先抑制后增长的作用，低教育程度地区环境规制对就业规模产生显著的正面效应。关于环境规制对工业劳动力就业技能结构的影响，本部分发现环境规制不仅会对就业技能结构产生直接影响，还会通过出口主导型 FDI、市场主导型 FDI 以及垂

直专业化分工等因素产生间接影响。为此，本部分以 2003～
2012 年中国 34 个工业行业动态面板数据为样本，运用系统
GMM 方法考察了环境规制对就业技能结构影响的直接效应
和间接效应。研究发现：环境规制与中国工业就业技能结构
之间的关系并不冲突，全国层面、低污染工业行业环境规制
对就业技能结构没有明显影响，而高污染工业环境规制会明
显提升就业技能结构；高污染工业环境规制会明显改变出口
主导型 FDI、市场主导型 FDI 对就业技能结构的间接影响，
即环境规制会弱化出口主导型 FDI 对就业技能结构的正向效
应，同时，环境规制会抑制市场主导型 FDI 对就业技能结构
的负面效应，环境规制对促进垂直专业化分工对就业技能结
构改善的作用不明显。

　　第五章为环境规制对工业劳动力收入影响的实证分析。
本部分发现环境规制不仅会对劳动力收入产生直接影响，还
会通过研发投入、FDI、企业规模等因素产生间接影响。为
此，本部分以 2003～2012 年中国 34 个工业行业面板数据为
样本，运用动态差分 GMM 方法考察了环境规制对异质性劳
动力收入影响的直接效应和间接效应。结论显示，环境规制
与工业劳动力收入之间呈现 U 型曲线的变动关系，即环境规
制对劳动力收入呈现先抑制后促进的影响趋势；环境规制会
明显影响研发投入和企业规模对劳动力收入的作用，环境规
制会强化研发投入对劳动力收入的负面效应，并抑制企业规
模对劳动力收入的正面效应；环境规制对劳动力收入的双重
影响均存在劳动力异质性。

　　第六章为环境规制对工业劳动生产率影响的实证分析。
本部分发现环境规制主要通过环境规制成本内化、生态环境
质量的路径影响劳动生产率。为此，本部分以 2001～2012
年中国 28 个省级动态面板数据考察环境规制对工业劳动生

产率及其分解因素影响的直接效应与间接效应。结论显示，环境规制与工业劳动生产率之间存在倒 U 型曲线的动态关系，同时，环境规制通过生态环境质量变化提升工业劳动生产率的影响路径不明显；从不同收入水平地区来看，高收入地区环境规制对工业劳动生产率的影响与全国层面的研究结论基本一致，而中等、低收入地区环境规制能明显推动工业劳动生产率的提升。最后，本部分阐明了劳动力就业规模、结构、收入以及劳动生产率指数之间的关联，结合第四章、第五章与本章的检验结论，对所得结论的原因展开了深层次的剖析。

第七章为主要研究结论与政策建议。在对环境规制对劳动力影响的内在机制及其效应的研究结论进行梳理的基础上，本部分提出构建有效的环境规制体系，并提出中国环境技术创新能力提升路径，主要围绕"产学研用"创新平台、产业链一体化平台以及投资经营环境的制度平台三个平台的构建与完善展开，以不断培育中国环境技术创新能力，以最大限度地发挥环境规制对中国工业劳动力的积极效应。

目 录

第一章

导　　论

第一节　问题的提出

中国正处于结构调整与经济转型的关键时期，在产业全球价值链分工中仍处于资源高消耗、环境高污染的低端加工地位，如何有效实施环境规制，进而改善生态环境质量一直是理论界和实务界非常关注的问题。自 20 世纪 70 年代发达国家实施严格的环境规制以来，环境规制是否会对工业劳动力就业、收入以及劳动生产率产生负面影响，一直备受争议，至今已积累了较为丰富的研究成果。由于经济发展阶段、国际分工的差异，大多以发达国家为背景的环境规制对工业劳动力就业、收入以及劳动生产率影响的研究，是否同样符合发展中国家的现实？以中国及其他发展中国家为样本的相关研究较为有限，且所得结论存在较大分歧。

具体来看，环境规制不仅会改善生态环境质量，而且会直接影响经济增长、对外贸易、FDI 选址以及劳动力，已成为经济社会和资源环境可持续发展中十分重要的一个问题。为此，国外学者从环境规制动机、方式以及经济效应等方面展开了深入研究。尽管成果丰硕，但早期研究存在一个共同问题，就是把劳动力视为同质，忽略了劳动力特征对环境规制的影响。近年来，劳动力特征对环境规制经济效应的影响吸引了越来越多的关注（Walker，2011；Sen & Acharyya，2012）。正如森和阿恰吉（Sen & Acharyya，2012）对环境规制总效应按劳动力特征进行分解发现，环境规制引致的生态创新对劳动力技能要求较高，其中，非熟练劳动力生产率水平的提升伴随着劳动力需求的减少，而熟练劳动力生产率的提升却促进了劳动力需求的增长。这些研究成果表明劳动力特征可能会对环境规制经济效应产生影响，但现有环境规制的一般均衡分析忽视了这一点。

"环境规制与经济增长关系"问题一直是可持续发展研究的主要内容，而"环境规制与劳动力就业、收入以及劳动生产率关系"问题也是促进经济社会和资源环境的双赢，实现包容性增长的重要方面。不过在环境规制的权衡中，经济增长目标与劳动力就业、收入以及劳动生产率促进目标不一定能同时兼顾，如由环境规制引致的生态创新有利于经济增长，而对劳动力就业创造的影响则取决于生态创新类型（Rennings et al.，2001；Horbach & Rennings，2013）。很多国内学者也认为以环境税表征的环境规制对经济增长与劳动力就业影响的不一致与环境规制强度有关（陆旸，2011；梁伟等，2013）。

国内学者在沿袭国外学者研究思路的基础上，结合中国特殊制度背景对环境规制进行了创新性研究，在政府环境规制动机、方式以及经济效应等方面取得了丰硕成果。但国内研究同样也忽视了劳动力特征对环境规制经济效应的影响，没有深入研究不同类型环境规制方式对异质性劳动力影响的差异。而且，相关文献也没有系统研究环境规制通过怎样的机制或路径影响劳动力就业、收入以及劳动生产率，也就使相关研究缺乏必要的理论内核，且很少有学者以中国为样本对环境规制的劳动力效应进行研究。由此，本书在引进国外研究成果的基础上，以中国为样本进行延伸与补充，从劳动力特征角度系统、深入研究环境规制对不同类型劳动力就业、收入以及劳动生产率影响的内在机制与影响路径，具有较深的理论价值。

自改革开放以来，中国经历了由"先污染后治理"、"边污染边治理"到"控制能源消费总量"的思路转变，在这一思路转变过程中，环境规制是否会增加企业生产成本进而付出劳动力损失的代价？而且，中国长期粗放式工业化尤其是重工业的优先发展使生态环境遭到了严重破坏，特别是当 2011 年中国人均 GDP 首次跨越 5000 美元这一中等收入水平后，2012 年入冬以来的全国性雾霾天气显示出生态环境破坏的严重性与生态系统的脆弱性，凸显了中国人均收入增长与环境保护之间的对立，实施环境规制是否会抑制劳动力收入水平的上升？若环境规制对中国劳动力就业、收入以及劳动力生产率均存在影响，那么，如何权衡环境规制对劳动力就业、收入以及劳动生产率影响的差异，以选择适宜的环境规制方式与力度？

"十二五"规划纲要提出"生态环境质量明显改善"、"就业持续增加"、"收入分配改革"以及"劳动生产率提高"的目标：我国要"坚持把建设资源节约型、环境友好型社会作为加快转变经济发展方式的重要着力点"，同时，"把促进就业放在经济社会发展优先位置"，"城镇居民人均可支配收入和农村居民人均纯收入分别年均增长 7% 以上"，"努力实现居民收入增长和经济发展同步、劳动报酬增长和劳动生产率提高同步"，旨在"促进经济社会发展与人口资源环境相协调，走可持续发展之路"。2013 年两会政府工作报告还进一步明确了该年度的预期目标："控制能源消费总量"、"城镇新增就业900 万人以上"以及"劳动报酬增长和劳动生产率提高同步"，这意味着节能减排的侧重点从 2012 年两会报告的"淘汰落后产能"逐步向节能减排技术升级转变。那么，如何兼顾节能减排目标与劳动力就业、收入以及劳动生产率增长目标？本书以此为切入点，探讨开放经济条件下基于劳动力特征视角的环境规制的转型方向、目标与内容，有利于优化环境规制方式和强度，实现经济社会和资源环境的可持续发展。

第二节　研究目标、框架结构与主要内容

一、研究目标

本书的研究目标是，在理论研究与实证研究的基础上，拟解决以下几个问题：

1. 自 20 世纪 70 年代发达国家实施严格的环境规制以来，环境

规制是否会对劳动力产生负面影响，一直备受争议，至今已积累了较为丰富的研究成果。由于经济发展阶段、国际分工的差异，大多数以发达国家为背景的环境规制劳动力效应的研究，是否同样符合发展中国家的现实？而关于环境规制劳动力效应的文献，较少探讨环境规制通过怎样的机制影响劳动力就业、收入以及劳动生产率，使相应的实证研究缺乏必要的理论内核。为此，本书将系统、深入阐释环境规制劳动力效应的理论影响机制，并分析每条路径的影响效应及其关键影响因素，为进一步实证研究奠定必要的理论基础。

2. 与环境规制相关的实证研究集中在环境规制对经济增长或生态环境质量的影响方面，关于环境规制劳动力效应的研究很有限，具体表现在：其一，国外学者运用发达国家数据研究环境规制对就业影响的动态效应较为丰富，而国内学者对环境规制与劳动力就业关系的研究才刚刚起步，陆旸（2011）、陈媛媛（2011）、王勇等（2013）分别从工业行业的视角展开了经验研究，根据环境库兹涅茨曲线理论，环境规制的经济效应与各区域收入水平密切相关，国内仅有闫文娟等（2012）、李梦洁和杜威剑（2014）运用省级面板数据进行分析，但只对环境规制与产业结构影响因素进行了测度，缺乏基于劳动力特征视角的环境规制就业规模与结构效应的系统考察。其二，关于环境规制对劳动力收入影响的相关研究，国外学者研究大多以发达国家为对象，以中国为样本的研究仅有两篇，一篇以上海企业为研究对象，另一篇以碳税表征环境规制，且基于碳税探讨环境规制收入效应的国内研究，仅从资本要素和劳动要素之间的收入分配进行了分析，缺少环境规制对不同特征的劳动力收入影响的研究。其三，国外学者关于环境规制对劳动生产率的影响的研究，主要集中在以生态环境质量为中介的影响路径，忽略了以规制成本内化为中介的影响路径，而国内学者仅有一两篇相关文献进行研究，缺少环境规制影响劳动生产率的系统研究。

3. 如何根据不同的劳动力特征确定适宜的环境规制水平，以兼顾节能减排目标与劳动力就业、收入以及劳动生产率目标？在环境规制的实施过程中，又如何协调劳动力就业、收入以及劳动生产率之间的关系？

二、框架结构

本书框架结构如图 1－1 所示。

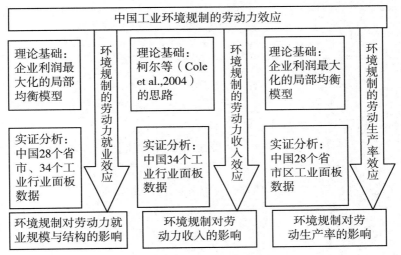

图 1－1　本书的框架结构

三、主要内容

在文献综述的基础上，本书研究的主要内容围绕以下五个方面展开：

（一）工业环境规制水平的测度与劳动生产率的因素分解

1. 工业环境规制水平的测度。本部分首先选择从环境污染治理成本的角度构建环境规制水平的测度指标，然后考虑到环境污染治理成本与污染排放强度之间的正向关系，以工业环境污染强度替代环境污染治理成本来间接测度工业环境规制水平，即运用工业三废污染排放水平的倒数来测度工业环境规制水平。具体测度步骤为：

其一，消除工业三废污染排放水平的量纲，并转化为线性指标如下：

$$SE_{ijt} = \frac{(UE_{ijt} - UE_{jt,min})}{(UE_{jt,max} - UE_{jt,min})} \tag{1.1}$$

式（1.1）中，SE_{ijt} 为第 t 期行业 i 污染物 j 的线性标准值，UE_{ijt} 为第 t 期行业 i 污染物 j 的排放强度，$UE_{jt,max}$、$UE_{jt,min}$ 分别为第 t 期污染物 j 的排放强度在所有行业内的最高与最低值。

其二，考虑到工业行业之间三废排放的差异，对各工业行业三废污染排放的权重进行计算如下：

$$w_{ijt} = \frac{E_{ijt}}{\sum_{i=1}^{n} E_{ijt}} \bigg/ \frac{Y_{it}}{\sum_{i=1}^{n} Y_{it}} = \frac{E_{ijt}}{Y_{it}} \bigg/ \frac{\sum_{i=1}^{n} E_{ijt}}{\sum_{i=1}^{n} Y_{it}} = UE_{ijt} \bigg/ \overline{UE_{ijt}} \qquad (1.2)$$

式（1.2）中，E_{ijt} 为第 t 期行业 i 污染物 j 的排放量，w_{ijt} 为第 t 期行业 i 污染物 j 的权重。

其三，对根据式（1.1）计算出的工业三废污染排放的加权平均值，由于环境规制水平与工业三废污染排放水平之间呈反向变动关系，则环境规制取工业三废污染排放加权平均值的倒数来测度，如下：

$$ER_{ijt} = \frac{1}{\frac{1}{3} \sum_{j=1}^{3} w_{ijt} SE_{ijt}} \qquad (1.3)$$

上述方法是基于工业行业层面的环境规制水平的度量。对于省际工业层面环境规制的度量，本书运用各省市区单位产出的废水、废气以及固体废弃物的污染排放水平的倒数表示，测度方法与上述方法类似，仅将式（1.1）~式（1.3）中代表工业行业 i 的指标替换成代表省际工业 i 的指标。

以式（1.1）~式（1.3）为基础公式，本部分分别运用 2003 ~ 2012 年中国 34 个工业行业数据、1995 ~ 2012 年中国 28 个省市区数据，测度工业行业环境规制水平、省际工业环境规制水平，其中，在测度工业行业环境规制水平时，按环境污染程度划分为高污染程度工业与低污染程度工业进行分组测算，而在测度省际工业环境规制水平时，根据不同收入水平划分为高收入地区、中等收入地区以及低收入地区进行分组测算。除从产出角度测度环境规制力度外，还可以从投入角度进行测度，分别运用工业行业废水和废气污染治理设施的运行费用占工业销售产值、主营业务成本的比重来衡量。

2. 工业劳动生产率的因素分解。本书选择以工业劳动力人均产出指标测度工业劳动生产率，从柯布－道格拉斯生产函数出发，通过移项、等式两边取对数并求导，得到工业劳动力人均产出取决于工业全要素生产率变动与工业人均资本存量变动的等式，其中，本部分运用 DEA－Malmquist 指数测度工业全要素生产率变动，并进一步将工业全要素生产率变动分解为技术效率变化与技术进步。由此可知，工业劳动生产率的变动来自工业技术效率变化、工业技术进步以及工业人均资本存量的变动，具体分解公式如下：

$$\frac{\Delta y}{y} = EFF \cdot TE + (1 - \alpha) \cdot \frac{\Delta k}{k} \tag{1.4}$$

式（1.4）中的 y 为产出，k 为人均资本存量，EFF 为技术效率变化，TE 为技术进步。以式（1.4）为基础公式，本部分运用2001～2012 年间中国 28 个省市区数据，测度省际工业劳动生产率及其分解因素，并按不同收入水平划分为高收入地区、中等收入地区以及低收入地区进行分组测算。

（二）环境规制与工业劳动力就业规模的关系

本部分首先从微观经济主体的最优化行为出发构建分析环境规制就业规模效应的局部均衡的理论模型。具体来看，借鉴斯托基（Stokey，1998）在 AK 模型中引入环境污染强度的处理方法引入环境污染强度，并将生产函数具体设定为柯布－道格拉斯生产函数形式，分析企业利润最大化条件下的局部均衡条件，推出劳动力就业规模与物价、技术、国内资本、国外资本、环境规制以及工资等因素之间的关系，由此反映出工业劳动力就业规模与物价、技术、国内资本之间正相关，与工资之间呈负相关，而与国外资本、环境规制之间的关系不确定，取决于参数 γ、θ 的取值。结合推导出的影响劳动力就业规模的表达式，从理论上阐释了环境规制通过成本效应和要素替代效应影响劳动力就业规模的影响机制，其中，成本效应是指环境规制既可能通过规制成本转嫁至生产成本，进而减少生产规模以及就业规模，也可能通过规制成本倒逼企业从事环境污染治理活动，而环境污染治理活动需要更多的劳动力投入，同时，要素替代效应是指环境污染治理活动需要与之匹配的技术型劳动力投入，如生产末端的监督治理、污染处理设备需要技术型劳动力进行操作，生产过程的清洁技术创新活动需要技术型劳动力与之匹配。上述企业利润最大化的局部均衡分析为随后的实证模型奠定了必要的理论基础。由于数理模型以新古典经济学的完全竞争、市场均衡等为基本假设，不符合中国现实经济背景，需要进一步以 1995～2012 年中国 28 个省市区工业面板数据为样本，构建动态模型考察环境规制对工业劳动力就业规模的影响效应，并根据劳动力收入水平、受教育程度的特征进行分组检验。

（三）环境规制与中国工业劳动力就业技能结构的关系

本部分首先阐释了环境规制通过怎样的机制影响劳动力就业技能结构，环境规制不仅会通过成本效应和要素替代效应直接影响劳动力就业技能结构，而且会通过出口主导型 FDI、市场主导型 FDI 以及产业内垂直专业化分工渠道间接影响劳动力就业技能结构。其中，直接影响机制包括要素替代效应与成本效应，要素替代效应是指企业实施的环境污染治理活动会导致技术型劳动力投入的增长，成本效应是指环境规制可能通过规制成本转嫁至生产成本，压缩企业利润及研发资本积累，从而减少技术型劳动力投入，也可能通过规制成本倒逼企业从事环境污染治理活动，进而导致技术型劳动力投入的增长；间接影响机制分别以出口主导型 FDI、市场主导型 FDI 以及产业内垂直专业化分工为中介变量，以出口主导型 FDI 为中介的间接效应是指环境规制会降低以规避母国环境规制成本为目的的 FDI 流入，进而抑制出口主导型 FDI 对工业劳动力就业技能结构的积极效应，以市场主导型 FDI 为中介的间接效应是指环境规制会吸引能效较高的市场主导型 FDI 企业流入，进而强化 FDI 技术溢出对劳动力技术水平以及劳动力就业技能结构的促进作用，以产业内垂直专业化分工为中介的间接效应是指环境规制会提高一国在全球价值链分工中的地位，较高附加值的生产环节会增加技术型劳动力的投入，进而在一定程度上强化产业内垂直专业化分工对劳动力就业技能结构的正面效应。上述影响机制的理论分析为随后的实证模型奠定了必要的理论基础，本部分进一步借鉴芬斯特拉和汉森（Feenstra & Hanson，1999）提出的外包理论，以 2003～2012年中国 34 个工业行业面板数据为样本，构建动态模型考察环境规制对工业劳动力就业规模的直接影响效应与间接影响效应，并根据工业行业劳动—资本的比率划分为劳动密集型与资本密集型行业进行分组检验。

（四）环境规制与中国工业劳动力收入的关系

本部分首先阐释了环境规制通过怎样的机制影响劳动力收入，环境规制不仅会通过成本效应、规模效应以及要素替代效应直接影响劳动力收入，而且会通过研发投入、贸易比较优势、FDI 选址以及企业规模变动间接影响劳动力收入。其中，直接影响机制包括成本效应、规模效应以及要素替代效应，成本效应是指环境规制成本可能挤出部分生产资本或降低产品市场需求与利润，进而导致劳动力收入减少，规模效应是指环境污染治理活动投入促使企业生产成本提高，为了使产出保持不变，企业需要投入更多要素包括劳动力要素，从而对工业劳动力收入存在正向促进作用，要素替代效应是指环境污染治理活动既可能偏向资本密集型如安装自动化处理设备实现，也可能偏向劳动密集型如劳动力参与设备的检查、维修实现，前者会减少劳动力需求量或劳动力收入，而后者有利于劳动力投入量或劳动力收入的提高；间接影响机制分别以研发投入、贸易比较优势、FDI 选址以及企业规模为中介变量，以研发投入为中介的间接效应是指较为严格的环境规制会通过研发投入增长促进清洁技术创新，而由于环境技术的负外部性，较弱的环境规制不利于环境技术领域的研发投入增长，而是投向其他生产技术领域，此时不同的研发投入方向对劳动力收入的影响与研发投入的劳动力密集程度有关，以贸易比较优势为中介的间接效应是指环境规制会通过贸易比较优势的变化进而影响要素相对价格，包括劳动力收入，以 FDI 选址为中介的间接效应是指环境规制会改变一国 FDI流入规模，特别是抑制出口型 FDI 流入规模，进而对劳动力需求以及劳动力收入产生影响，以企业规模为中介的间接效应是指环境规制成本内化会弱化大规模企业的市场势力，降低企业的利润率以及企业对劳动力要素的支付能力。上述影响机制分析为随后的实证模型奠定了必要的理论基础，本部分借鉴柯尔等（2005）的思路，以 2003~2012 年间中国 34 个工业行业面板数据为样本，构建动态模型考察环境规制对工业劳动力收入的直接影响效应与间接影响效应，并按劳动力熟练程度划分为技术型劳动力与非技术型劳动力进行分组检验。

（五）环境规制与中国工业劳动生产率的关系

本部分首先从微观经济主体的最优化行为出发构建分析环境规制对劳动生产率影响的局部均衡的理论模型。具体来看，根据环境库兹涅茨曲线理论中环境污染强度与产出规模的关系、样本期间环境规制强度与环境污染强度的关系，在理论模型中引入环境规制，同时，根据生态环境质量与人力资本投入的关系、人力资本投入与劳动力供给的关系引入生态环境质量，随后将生产函数具体设定为柯布－道格拉斯生产函数形式，分析企业利润最大化决策下的局部均衡条件，推出环境规制对劳动生产率的四种影响效应，分别为成本效应、替代效应、健康成本效应以及健康替代效应。其中成本效应是指环境规制成本内化对产品价格的提升会导致产品生产规模的变化，从而通过规模经济效应影响劳动生产率；替代效应是指环境规制引致的环境污染强度的降低，可通过降低物质资本投入或者通过生产末端的环境监督和设备维修途径实现，均会导致企业选择用劳动力要素替代其他投入要素，而劳动力人均资本存量降低可能抑制劳动生产率的增长；健康成本效应是指环境规制通过提升生态环境质量改善劳动力身体健康程度，医疗服务减少带来劳动供给增长及劳动要素成本的降低，进而促使生产规模扩大，根据规模经济现象，生产规模的扩大会促使劳动生产率的提升；健康替代效应是指环境规制对生态环境质量的改进所带来的劳动供给增长及劳动要素成本的降低，会导致劳动要素对其他要素的替代，进而通过人均资本存量变动对劳动生产率带来负面影响。上述影响机制的理论分析为随后的实证模型奠定了必要的理论基础。本部分以 2001~2012 年中国 28 个省市区工业面板数据为样本，构建动态模型考察环境规制对工业劳动生产率及其分解因素的直接影响效应与间接影响效应，并根据不同收入水平地区进行分组检验。

第三节 研究方法与技术路线

一、研究方法

本书采取理论研究与实证研究相结合的方法。

理论研究方面，本书以环境规制动机理论、环境规制方式、环境规制竞争、资源环境脱钩以及环境库兹涅茨曲线理论为理论基础，基于柯布－道格拉斯生产函数或影响机制的理论阐释进行推导，得出环境规制影响工业劳动力就业规模、结构、收入以及劳动生产率的数理模型，作为建立环境规制对工业劳动力影响的实证分析框架的理论基础。

实证研究方面，本书运用因素分解的数量分析模型、计量模型等实证研究方法。在劳动生产率的分解方面，本书将劳动生产率分解为全要素生产率与人均资本存量，其中，工业全要素生产率指标选用DEA－Malmquist指数进行测度，并将模型处理成差分模型进行数量分析；在环境规制对工业劳动力就业规模、结构、收入以及劳动生产率的影响方面，本书运用动态面板数据模型进行计量回归分析，对不同计量方法得出的结论进行稳健性与可靠性检验；本书运用标准化的工业三废污染物排放的加权平均值倒数来表征工业环境规制水平，该指标综合反映了不同环境规制类型所导致的环境规制综合水平。

二、技术路线

首先，本书梳理了与主题相关的基础理论与前沿文献，在对环境规制相关文献的研究现状作出分析与把握的基础上，明确现有研究可能存在的不足之处；其次，构建环境规制对工业劳动力影响的数理模型以阐明其内在机制，并分别针对环境规制的劳动力效应进行分解，提出相应的基本假设；再次，在理论模型分析的基础上，构建计量模型进行实证分析，对基本命题进行检验；最后，对实证结论进行比较，揭示结论背后的深层次原因，并依此给予相应的政策建议。本书主要技术路线图如图 1 - 2 所示。

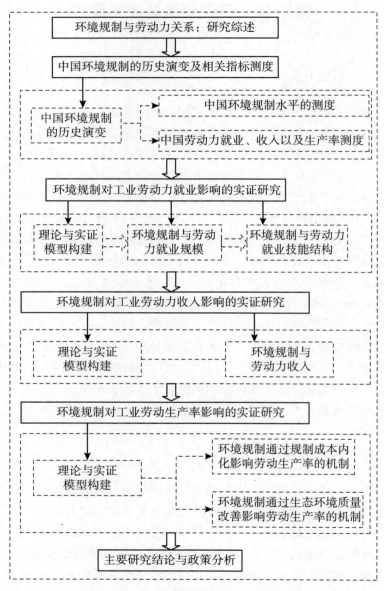

图 1 - 2　本书研究的技术路线图

第四节　主要创新之处与进一步研究的方向

一、主要创新之处

本书的创新之处表现在以下两点：

1. 在开放经济的背景下，分析环境规制对工业劳动力影响的内在机制。其中，关于环境规制对劳动力就业规模、劳动生产率的影响，本书从微观经济主体的最优化行为出发分析环境规制对劳动力就业规模、劳动生产率影响的局部均衡模型，以反映环境规制对工业劳动力就业规模、劳动生产率影响的内在机制，而关于环境规制对劳动力就业技能结构、劳动力收入的影响，本书从直接影响机制与间接影响机制的角度分别阐释环境规制影响劳动力就业技能结构、劳动力收入的内在机制，为环境规制相关实证研究奠定理论基础，丰富了环境规制理论。

2. 环境规制主要通过何种渠道影响中国工业劳动力就业规模、结构、收入以及劳动生产率，不同收入水平、不同受教育程度以及不同劳动力熟练程度的影响又如何，是本书研究的主要目的所在。对于环境规制的劳动力就业规模效应，本书试图根据理论机制构建动态模型，以1995~2012年中国28个省市区面板数据为样本，考察环境规制对中国工业劳动力就业规模的影响，并按不同收入水平、受教育程度特征进行分组检验；对于环境规制的劳动力就业技能结构效应，本书尝试根据影响机制阐释构建计量模型，并以2003~2012年中国工业行业面板数据为样本，考察环境规制对中国工业劳动力就业技能结构的影响，并按工业行业环境污染程度进行分组检验；对于环境规制的劳动力收入效应，本书试图根据影响机制阐释构建计量模型，并以2003~2012年中国工业行业面板数据，考察环境规制对中国工业劳动力收入的影响，并按劳动力熟练程度划分为技术型劳动力与非技术型劳动力进行分组检验；对于环境规制的劳动生产率效应，本书尝试按理论机制构建动态模型，基于 2001～2012 年中国 28 个省市区面板数据，考察环境规制对中国工业劳动生产率及其分解因素的直接影响与间接影响，并按不同收入水平进行分组检验。

二、进一步研究的方向

本书仅从环境治理结果的角度，运用工业三废污染排放加权平均值的倒数来测度，未能区分不同类型环境规制方式的劳动力效应。由于不存在直接反映环境规制水平的指标，不同类型环境规制方式均采用替代指标进行量化。其中，命令—控制型规制方式可运用各省市区地方环保标准累积数表示，包括环境污染标准和大气环境标准累积数；市场激励型规制方式可运用两种指标进行表征：一是二氧化硫去除率，由于大部分二氧化硫与碳排放均来自化石能源消耗，因此二氧化硫去除率与碳排放的规制水平高度相关，二是环境规制评价指标，该指标借鉴沈能和刘凤朝（2012）的处理方法，首先计算各省市区单位工业产值的污染治理投资额或者排污费收入，再将各省市区工业结构的差异作为参数，对该指标进行修正；信息披露型规制方式与媒体信息报道、公众环保意识密切相关，可通过读秀数据库搜索包含"低碳"、"污染"、"环保"、"可持续发展"等关键词的信息数反映媒体信息报道指标，剔除重复、内容无关的信息数，并通过上访人数、环境污染来信数反映公众环境意识强度，并运用熵值法对媒体信息、上访人数和环境污染来信数进行赋权，同时，考虑到媒体信息报道、公众环保意识一方面与环境规制水平有关，另一方面也可能源于该区域环境污染现象较为普遍，为克服这一缺陷，可运用该区域三废污染物排放相对技术水平对测算结果进行修正。

第二章

环境规制与劳动力关系的
相关研究综述

第一节　与环境规制相关的理论研究基础

有关环境规制理论研究的重要内容，学者们在环境库兹涅茨曲线理论和资源环境脱钩理论基础上，对环境规制进行了深入研究，并取得了丰硕成果。结合研究内容，本项目将主要从环境规制动机、方式、度量等方面对相关研究进行述评。

一、环境规制动机的相关理论

（一）环境规制动机理论的国外研究

环境规制动机研究主要集中在政府环境规制动机和企业环境规制动机两方面。政府环境规制动机以协调环境规制和经济增长关系为目的，政府可能会通过调解利益相关者权益，从而促进环境规制和经济增长的相互协调（Callan & Thomas，2006）。其研究范围主要包括公共利益规制理论和特殊利益集团规制理论。公共利益规制理论认为环境外部性的市场失灵导致了环境污染，为了使环境成本内部化，政府对市场主体存在环境规制的强烈动机。达斯古普塔等（Dasgupta et al.，2002）发现政府环境规制虽不能改变环境库兹涅茨曲线所反映的环境质量变化规律，但可能使曲线拐点提前或曲线形状更扁平。特殊利益集团规制理论则认为政府环境规制决策是政府和特殊利益集团博弈的结果，当特殊利益集团以追求利益最大化为目的，政府会通过环境规制的差异化或弱化来增进特殊利益集团的利益。斯斯尔兰和扬德尔（Ciocirlan & Yandle，2003）发现欧盟成员国环境税的决策以提高财政收入、产业竞争力等政治经济环境为主要目标，而缺少环境保护动机。巴雷特（Barrett，1994）发现政府战略性环境政策倾向于通过降低环境规制给予出口企业补贴以获取垄断利润。兰沃和琳达若（Ljungwall & Linde－Rahr，2005）发现地方政府为竞相吸引 FDI 而出现的环境规制逐底行为。

企业环境规制动机以改变环境保护方面政府和企业的对立关系为目的，主要包括外部驱动因素和内部驱动因素两方面。外部驱动因素来自政府规制压力（Segerson & Miceli，1998）、消费者压力（Yin & Schmeidler，2007）、投资者压力（Walley & Whitehead，1994）等。上述支持环境规制主要驱动来自外部压力的传统观点认为，企业内部环境规制是遵循外部政府环境规制的结果，且企业环境规制成本的内化可能会削弱企业生产率及其市场竞争力（Gray & Shadbegian，1995）。

然而，波特和琳达（Porter & Linde，1995）提出波特假说与传统观点存在较大差异，更注重企业内部因素对环境规制的驱动，该假说从动态视角进行研究，发现企业自主环境规制不仅仅会增加企业生产成本，而且有可能为企业创造新的收益，安贝克和拉诺伊（Ambec & Lanoie，2008）还进一步指出具体的创收渠道，如特定的市场、产品差异化、污染治理技术转让、外部利益相关者风险降低、投入要素成本减少等。罗伯特和道林（Roberts & Dowling，2002）则从无形资产的角度，认为企业声誉作为企业的无形资产，具有持久性、不可模仿性，如企业可以通过树立绿色企业的声誉，以产品的绿色化差异获取市场竞争优势。因此，企业环境规制的动力可能来自经济绩效的改善。大多数相关文献研究认为内部驱动因素集中在组织特征和管理层态度方面，组织特征如组织规模（Buysse & Verbeke，2003）、组织所有制结构（Choe & Yin，2000）等，管理层态度如管理者环保意识（Bowen et al.，2001）等。企业环境规制的实施除了有利于创造新的收益以外，还能引导企业规避可能存在的风险，体现在政府为促使企业自主进行生产末端污染处理或生产过程污染控制活动，会设置高于企业环境规制成本以上的罚金，正如霍夫曼（Hoffman，2007）也发现企业主动参与环境规制决策过程，其动机在于回避政府环境规制拟订可能存在的"笔尖上的风险"损失。还有一些文献研究认为企业实施环境规制的动机是为了强化企业在特定制度环境中的合法性，包括规制、规范、认知等制度层面因素，以获得相关利益方的支持（King et al.，2005）。

（二）环境规制动机理论的国内研究

国内学者对环境规制动机的研究方法基本与国外类似，主要以中国为样本进行实证研究。关于政府环境规制动机研究，夏永久等（2006）发现严格且系统的政府环境规制可能改变环境库兹涅茨曲线形状和拐点位置，证实了政府环境规制的必要性。赵定涛和卢正刚（2005）发现特殊利益集团对政府环境规制拟订存在影响。杨海生等（2008）发现地方政府为吸引 FDI 而降低环境规制的动机。关于企业环境规制动机研究，孟晓飞和刘洪（2003）认为企业环境规制的动力来自绿色产品或服务的市场价值，即在商品市场上，消费者不仅关注产品质量与价格，还关注产品的环保属性。焦俊和李垣（2008）认为，环境规制不仅有利于改善生态环境质量，而且能通过能源消耗、循环利用等方面降低生产成本，进而促进经济绩效的提升。杨东宁和周长辉（2004）基于制度驱动的视角，将企业环境规制驱动力中的制度合法性区分为外部合法性和内部合法性，其中，外部合法性是指规制、规范、认知等制度层面各因素的合法性，而内部合法性是指企业战略导向、组织学习能力、经验和传统的合法性。大多数相关文献将规制动机区分为政府规制压力、市场压力以及企业内部压力等三类进行了研究，叶强生和武亚军（2010）还进一步以中国为样本，实证研究了不同所有制企业环境规制动机存在的差异，结论发现中国企业环境规制的主要动机在于遵循政府环境规制的监管，与国有企业比较而言，私营企业更注重环境规制的经济绩效。

二、环境规制方式及其度量的相关理论

（一）环境规制方式理论的国内外研究

1. 环境规制方式理论的国外研究。在环境规制的相关研究中，大多数文献将环境规制方式区分为命令—控制型规制、市场激励型规制、以信息披露和公众参与为特征的规制方式三类。其中市场激励性规制又进一步划分为环境税（费）、排污权交易、政府补贴以及押金返还制度等。尽管市场激励型规制方式是环境规制研究的主要内容，但市场激励型规制方式的选择只是近期才引起学者们的关注。目前，对市场激励型规制方式研究较多的是其适用性，如哈钦森等（Hutchinson et al.，2010）发现对低碳能源的生产补贴会降低能源均衡价格进而导致能源消费和污染排放增加，但其促进清洁能源生产结构转变的积极效应完全抵消了这一负面影响。此外，斯蒂纳（Sterner，2003）基于经济体制的视角，发现经济转型国家倾向于选择低水平、渐进式的环境规制方式。

2. 环境规制方式理论的国内研究。国内学者对环境规制方式的研究基本上沿袭了国外研究，但也有不同之处。大多数研究环境规制方式的界定和分类时，也是以 OECD 的界定方法和标准为基础进行调整，将市场激励型规制方式等同于环境规制中的经济手段。与国外研究不同的是，国内研究结合中国转型经济的背景，对影响环境规制方式有效性的限制因素进行了深入研究（张玲、杨文选，2007；胡剑锋、朱剑秋，2008）。在市场激励型规制方式的选择方面，许多研究发现环境税（费）和排污权交易是中国环境规制的重要方式（许士春等，2012）。此外，聂爱云和何小钢（2012）等借鉴混合策略博弈模型对中国环境规制的组合方式进行了研究。

（二）环境规制方式度量的国内外研究

1. 环境规制方式度量的国外研究。在国内外环境规制经济学研究领域，相关实证研究滞后于相关理论研究，其根本原因在于环境规制指标数据难以获取、选择多样性、主观性以及内生性等问题，在实证研究中往往由于指标选择的差异而存在相互矛盾的结论，或得到不显著的回归结果，不利于实证研究结论的进一步印证或反驳，从而导致实证研究进展缓慢。

国外文献环境规制指标的发展经历从定性描述型指标到单一定量指标，再从单一定量指标到综合定量指标，或从投入型指标到产出型指标：

定性描述型指标。定性描述型指标的运用主要通过环境规制变动的自然实验法，对比不同时间段、不同区域环境规制影响效应的差异，从纵向比较来看，主要以某一年份为分水岭，比较环境规制实施前后经济增长状况的变动（Jorgenson & Wilcoxen，1990），或以定性描述为基础构建环境规制水平的综合评价指标体系（Tobey，1990）。

单一定量型指标。显然定性描述型指标无法应用于实证研究，随着各国环境保护数据统计的发展与完善，开始运用单一定量指标来度量环境规制水平，以满足实证研究的需要。单一定量型指标包括投入型指标和产出型指标。其中，投入型指标为环境规制制定、实施以及监督过程中企业和政府投入的直接成本，环境规制水平与成本投入成正比，如美国普查署的 PACE 机构自 1973 年起每年定期在《本期工业报告：环境治理成本与支出》中公布污染减排成本数据，因此，以美国为样本的实证研究大多选取这一污染减排成本指标，与美国公布的成本指标相类似，法国、德国、英国、荷兰等 OECD 国家环境保护部门也定期公布污染减排指标，可运用于环境规制水平的国别比较研究。而产出型指标是指在政府环境规制缺位或宽松的条件下企业的污染物排放水平，以及对污染物排放征收的税费，环境规制水平与污染物排放水平成反比，与污染税成正比，如类似于二氧化硫、二氧化碳、工业三废等主要污染物排放水平（Madsen，2009），或根据环境成本的构成成分直接度量环境规制总成本，如环境成本由运营成本、减污设备折旧费以及减污净存量收益等成分构成（Denison，1974），由治污直接成本、生产要素价格提高部分的间接成本构成（Jaffe et al.，1995），或采用环境规制的监督力度替代成本指标，如经媒体公开披露的环境规制监督次数反映环境规制力度（Alpay et al.，2002）。此外，部分研究还发现环境规制水平与人均收入水平密切相关，可运用人均收入水平指标间接反映环境规制水平（Copeland & Taylor，2004）。

综合型指标。由于单一定量指标在环境规制水平度量指标选择方面的多样性和主观性，沃尔特和尤格娄（Walter & Ugelow，1979）首次运用 UNCTAD 基于多国政府调查问卷结论推导出的综合量化指标，随后在其提出的综合指标基础上，进一步调整了此综合指标的基础指标，如将综合指标区分为广义和狭义指标，狭义指标以产出指标作为基础指标，广义指标则对投入指标进行了拓展，以规制指标和水资源保护指标作为基础指标（Murty & Kumar，2003），还有选取大量、统一的基础指标以适用于国别分析的 EPI 指标（Miranda & Barros，2008）。

2. 环境规制方式度量的国内研究。与国外文献研究中不断演变的环境规制度量指标不同，国内学者关于环境规制水平度量的研究主要集中在单一定量指标方面，包括投入型指标、产出型指标以及指数型指标。投入型指标主要包括工业污染治理项目投资额（杨涛，2003）、工业三废污染治理投资额（应瑞瑶、周力，2006）、污染治理成本占工业总产值的比重（段琼和姜太平，2002）、环保运营费用与减污设备投资额之和（张三峰等，2011）。产出型指标主要包括 SO_2、CO_2、工业三废等主要污染物排放水平（李强、聂锐，2010）、二氧化硫去除率（李怀政，2011）以及排污费收入（沈能、刘凤朝，2012）。指数型指标，与国外文献研究中的综合型指标在基础指标的选择上存在差异，综合型指标选取的基础指标包括定性和定量指标，而国内文献研究仅选择各种污染物排放水平作为基础指标，如在指数型指标的构建方面，尹显萍（2008）以中国和欧盟国家 SO_2 排放量相除来比较各国环境规制的相对水平，朱平芳等（2011）首先测算单位工业产值的各种污染物排放水平，再加权平均得到环境规制水平的指标，与上述直接以污染物排放量的处理方法不同，傅京燕和李丽莎（2010）构建了多层级指标综合体系，对各项基础指标的标准化数据加权平均，董敏杰等（2011）构建并运用环境规制执法强度指标，从虚拟环境成本的角度度量环境规制水平，张崇辉等（2013）基于双向分层嵌套理论构建横向、纵向均可比的动态指标度量环境规制水平。

三、环境规制竞争的相关理论

地方政府竞争引致的环境规制竞争可区分为三种类型：

第一类为环境规制逐底竞争（race to bottom），逐底竞争行为的形成主要源自跨区域资本竞争和跨区域环境污染两个方面。其中，跨区域资本竞争方面，柯里斯基（Konisky，2007）详细阐述了国际环境规制逐底竞争的内在逻辑，认为发展中国家会通过降低环境规制水平的方式减少环境规制成本对生产成本的挤占，以吸引更多的外资流入，同时发达国家也会相应降低环境规制水平以留住本国资本，从而导致各国环境规制水平的普遍降低，对此观点，朱平芳等（2011）进行了实证检验，发现环境规制逐底竞争效应在 FDI 高水平地区最显著，而在 FDI 低水平地区明显弱化。跨区域环境污染方面，伍德（Woods，2006）认为由于环境污染存在跨区域外部性，本地区降低环境规制水平导致的环境污染成本可与其他地区共同承担，而经营成本降低带来的经济收益则归本地区所有，从而促使各地区竞相降低环境规制水平，研究还发现以美国州际联邦安全条例表征的环境规制存在逐底竞争行为。此结论与王文普（2013）的研究结论类似，该研究发现严格的环境规制存在正向空间溢出效应，若不存在区域间环境补偿机制，严格的环境规制将可能导致本地区高污染企业的迁出，因此，各地区会选择降低环境规制水平进而引发逐底竞争行为。

第二类为环境规制标尺竞争（yardstick competition），当中央政府将环境因素引入绩效考核体系或当公众环保意识提高，将促使地方政府提供生态公共产品和服务的水平随之提高。弗雷德里克松和米利米特（Fredriksson & Millimet，2002）以美国各州数据为样本，发现州际环境规制存在正向互动关系，即州际环境规制竞争表现为标尺竞争行为。

第三类为环境规制差别化竞争（diversified competition），发达地区和欠发达地区最初会采取差别化竞争行为，即发达地区倾向于提高环境规制水平，而欠发达地区倾向于降低环境规制水平。肖宏（2008）以中国为样本，发现环境规制"逐底竞争"行为主要存在于欠发达地区，而非发达地区。上述分类与马库森等（Markusen et al.，1995）的结论基本一致，该研究通过构建动态博弈模型发现，地方政府竞争引致的环境规制竞争存在"逐底竞争"、"标尺竞争"等多重均衡状态。还有一些国内实证研究表明地方政府竞争引致的环境规制竞争行为具有不确定性，即地方政府对环境规制的影响效应与环境支出水平（张征宇、朱平芳，2010）、资本禀赋（韩超、王海，2014）以及区域（赵霄伟，2014）的差异有关。

四、环境库兹涅茨曲线理论

（一）环境库兹涅茨曲线理论的实证检验

1. 静态模型。

$$\ln E_{it} = \beta_0 + \beta_1 \ln\left(\frac{Y_{it}}{P_{it}}\right) + \beta_2 \left[\ln\left(\frac{Y_{it}}{P_{it}}\right)\right]^2 + \beta_3 \left[\ln\left(\frac{Y_{it}}{P_{it}}\right)\right]^3 + \delta_i + \gamma_t + \varepsilon_{it}$$

$$(2.1)$$

式（2.1）中，E 代表环境污染程度，Y 代表 GDP，P 代表人口，α_0 代表截距，δ_i、γ_t、ε_{it} 分别代表个体、时间以及随机效应。依据 β 值的符号，划分为如下几种可能的情形：

（1） $\beta_1 > 0$，$\beta_2 = \beta_3 = 0$ （2.2）

式（2.2）中，环境污染程度随人均 GDP 的增长而增长，这一增长为线性变化趋势，说明经济增长模式近似为粗放式增长模式；

（2）　　　　　　　$\beta_1 > 0$，$\beta_2 < 0$，$\beta_3 = 0$　　　　　　　（2.3）

式（2.3）中，环境污染程度随人均 GDP 的增长而动态变化，这一动态变化趋势为倒 U 型的变动关系，说明环境污染程度最初会随人均 GDP 的上升而上升，但当环境污染程度达到一定的临界水平，环境污染的高成本会倒逼企业实施生产末端污染治理活动，进而呈现人均 GDP 的增长伴随环境污染程度的降低；

（3）　　　　　　　$\beta_1 > 0$，$\beta_2 < 0$，$\beta_3 > 0$　　　　　　　（2.4）

式（2.4）中，环境污染程度随人均 GDP 的增长而呈 N 型动态变化，这一观点认为环境质量的改善不是人均 GDP 增长到一定阶段的必然结果，在缺乏环境规制约束的条件下，追求利润最大化的企业会优先选择非清洁技术创新类型，进而可能出现污染程度随人均 GDP 增长而上升；

此外，其他的动态变化关系还有正 U 型、正 N 型等形状，不同的形状与各地区经济增长水平、污染类型等差异有关。

2. 动态模型。

$$\Delta \ln E_{it} = \beta_1 \left\{ \ln\left(\frac{M_{it}}{P_{it}}\right) - \alpha_1 \ln\left(\frac{Y_{it}}{P_{it}}\right) - \alpha_2 \left[\ln\left(\frac{Y_{it}}{P_{it}}\right)\right]^2 - \alpha_3 \left[\ln\left(\frac{Y_{it}}{P_{it}}\right)\right]^3 \right\}$$

$$+ \sum_{j=1}^{p-1} \lambda_{ij} \Delta \ln E_{i,\,t-j} + \sum_{j=0}^{q-1} \phi_{ij} \Delta \ln\left(\frac{Y_{i,\,t-j}}{P_{i,\,t-j}}\right) + \sum_{j=0}^{m-1} \theta_{ij} \Delta \left[\ln\left(\frac{Y_{i,\,t-j}}{P_{i,\,t-j}}\right)\right]^2$$

$$+ \sum_{j=0}^{n-1} \mu_{ij} \Delta \left[\ln\left(\frac{Y_{i,\,t-j}}{P_{i,\,t-j}}\right)\right]^3 + \delta_i + \gamma_t + \varepsilon_{it} \qquad (2.5)$$

式（2.5）中，参数 p、q、m、n 代表滞后时间，β_1 代表误差修正系数，其余类似，对比式（2.1）与式（2.5），动态模型能估计环境污染程度与人均 GDP 的短期相关关系。

3. 国外文献研究综述。最初库兹涅茨曲线用于描述收入分配随 GDP 增长的动态变化，后由格罗斯曼和克鲁格（Grossman & Krueger，1991）引用于描述环境污染程度与人均 GDP 之间的动态关系，实证研究发现两者之间也存在类似的倒 U 型关系，随后帕纳约托（Panayotou，1993）将这一倒 U 型关系命名为环境库兹涅茨曲线。关于库兹涅茨曲线是否存在的探讨，大部分国外学者认可库兹涅茨曲线的存在性，具体来看，塞尔登等（Selden et al.，1994）发现除一氧化碳以外，二氧化硫、氮氧化合物、固体悬浮物等实证结论均支持环境库兹涅茨曲线假说；戴维（David，2001）则发现环境库兹涅茨曲线的存在是有前提的，政府的环境规制约束是倒 U 型曲线存在的必要条件；葛文德等（Gawande et al.，2001）认为是否存在库兹涅茨曲线存在的条件与劳动力选择密切相关，不同收入的劳动力对污染的承受能力存在差异，收入较低的劳动力为获得更高收入而承受污染，收入较高的劳动力选择相反。

部分国外学者认为环境污染程度与人均 GDP 之间为 N 型曲线的变化关系，昂鲁等（Unruh et al.，1998）研究发现环境污染程度随人均 GDP 增长而减少来自历史偶然事件，如石油价格上升引致的消费习惯改变；弗里德尔等（Friedl et al.，2003）以碳减排政策为对象，发现奥地利政府碳减排政策的软约束是 N 型曲线存在的原因；伯恩等（Poon et al.，2006）则发现，环境污染程度与人均 GDP 关系为 N 型的结论多见于发达国家样本，而相关关系为倒 U 型多见于发展中国家样本。

还有一些国外学者研究显示环境污染程度随人均 GDP 的增长而同步增长，如斯坦恩（Stern，2001）研究发现二氧化硫污染程度随人均 GDP 的上升而上升，类似地，帕纳约托（Panayotou，1997）认为当环境污染程度达到一定生态承载力的极限，生态环境将无法修复，随人均 GDP 增长而不断提高的环境污染程度可能超出修复能力的极限，进而无法实现高人均 GDP 水平下的环境质量改善。少量研究选用生态足迹等指标代替环境污染程度，发现环境污染程度与人均 GDP 之间不存在相关关系（Harris，2009）。

4. 国内文献研究综述。国内学者认为环境污染程度与人均 GDP 之间的关系同污染物类型、变量、样本的差异有关。基于不同的污染物类型，韩贵锋（2007）发现不同的污染物类型存在较大差异，其中，TSP 的污染程度与人均 GDP 之间呈现明显的 N 型关系，NO_x 的污染程度与人均 GDP 之间呈现显著的倒 U 型关系，而 SO_2 污染类型的曲线关系不稳定。朱平辉等（2010）选择七种污染物类型为样本，研究发现有二种工业污染物的污染程度与人均 GDP 之间呈现倒 N 型，其他类型的曲线关系为倒 U 型。高宏霞等（2012）则选择废气、二氧化硫、烟尘污染物类型为样本，研究发现烟尘的污染程度与人均 GDP 之间为线性变动关系，其余两种污染物类型的关系为倒 U 型关系；基于不同的地区，韩玉军（2009）研究发现不同的收入水平、工业化进程的曲线关系存在明显的差别，对于收入、工业化进程较高的地区而言，环境污染程度与人均 GDP 之间的曲线关系为倒 U 型关系，对于收入水平较高、工业化进程较低的地区而言，曲线关系为 N 型关系，对于收入水平较低、工业化进程较高的地区而言，曲线关系为线性关系，而对于收入、工业化进程较低的地区而言，曲线关系不明显。许广月等（2010）指出中国东部、中部地区的碳排放程度与人均 GDP 之间呈倒 U 型关系，其余地区的曲线关系不显著，而张为付等（2011）的研究却发现西部地区的曲线关系为 U 型关系；基于是否存在政府规制约束，张学刚等（2009）认为环境污染程度与人均 GDP 之间倒 U 型关系与政府规制约束密切相关。杨林等（2012）发现在政府规制约束条件下的曲线关系为倒 U 型关系，而在尚未实施政府规制时的曲线关系为线性关系；基于人均 GDP 对环境污染程度的影响机制，何立华等（2010）认为环境质量改善并不是随人均 GDP 增长而自然而然出现的，需要受规制企业有能力实施清洁技术创新活动，才能降低环境污染程度。李时兴（2012）指出影响曲线关系的因素在于收入偏好、减污效率以及清洁技术研发投入。

（二）经济增长与环境污染的影响机制

经济增长对环境污染程度的影响存在不同的结论，不同的结论说明经济增长对环境污染程度存在不同的影响途径，其中，环境库兹涅茨曲线的倒 U 型关系不一定是成立的，需要结合一定的必要条件，如经济增长通过改变收入分配、规模、结构、技术、外商直接投资、国际贸易等方面影响环境污染程度，如图 2-1 所示。

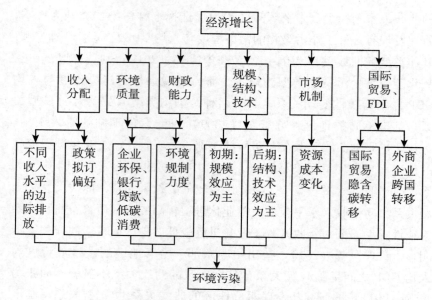

图2-1　经济增长对环境污染影响的传导机制

（三）环境库兹涅茨曲线理论的局限性

1. 同质性假设的局限性。经济增长对环境污染程度存在不同的影响途径，每条影响途径会呈现出不同的变化趋势，而不同的变化趋势与不同地区的收入与收入分配水平、工业化进程、环境规制约束、清洁技术研发投入水平以及历史突发事件等因素密切相关，即样本的异质性可能会影响环境库兹涅茨曲线的形状。

2. 未超出生态环境承载力极限假设的局限性。当环境污染程度达到一定水平，生态环境将超出承载的极限，失去环境自我修复的可能性。

3. 人均GDP的测度指标的局限性。已有文献研究显示国民收入呈偏态分布，若人均GDP指标表征经济增长水平，可能会高估国民收入的中位收入水平。

4. 环境污染程度的测度指标的局限性。一种环境污染物排放水平无法全面表征环境污染程度，致力于某一种污染物排放水平降低的代价可能是另一种污染物排放水平的提高；污染物持续排放对生态环境的影响具有累积性，需要对生态环境进行实时监测才能准确表征环境污染程度，而多数国内外学者倾向于选择污染物排放水平指标直接表征；环境污染程度包括具体的数量指标，还包括无法量化的一些指标，如环境修复能力、生物的种类等定性指标。

5. 经济增长对环境污染程度影响的单方面研究的局限性。经济增长与环境污染之间存在交互式影响，即环境污染也会对经济增长带来反方向的影响，如环境污染会通过生产成本的提高进而改变生产规模或技术创新，还会通过生态环境质量的改进而影响劳动力身体健康以及劳动生产率，这一反方向的影响在模型估计中带来内生性问题。

第二节　环境规制经济效应的相关研究综述

环境规制经济效应研究主要集中在环境规制对经济增长、贸易模式、FDI 选址和就业的影响等四个方面。

一、环境规制对经济增长影响的理论

（一）环境规制对经济增长影响的国外研究

环境规制对经济增长影响的研究以环境质量与经济增长之间的内在关系为逻辑基础，分别以 GDP 增长率、绿色生产率、技术创新以及绿色技术创新等指标衡量经济发展，形成的观点主要包括遵循成本说、创新补偿说以及不确定性假说等。其中，遵循成本说认为环境规制会提高企业生产成本进而制约经济发展，环境规制引致的成本包括与治污减排相关的直接成本，如格洛普和罗伯特（Gollop & Roberts，1983）认为环境规制的实施迫使企业购买末端污染处理设备，并承担设备操作人员成本，也包括环境要素替代效应引发生产要素价格提高的间接成本以及治污投资挤出创新项目投资的机会成本，如巴伯若

和麦康奈尔（Barbera & McConnell，1990）发现环境规制会促使企业将投资从其他富有前景的项目转向治污投资。创新补偿说认为严格而恰当的环境规制能激发企业技术创新，从而促进经济发展，代表性的观点为波特假说（Porter & Linde，1995）。随后学者们将波特假说区分为弱式波特假说和强式波特假说，弱式波特假说认为环境规制引发的创新会部分抵消环境规制和创新投入成本（Pickman，1998），强式波特假说则认为环境规制引致的创新会完全抵消甚至超过投入成本（Jaffe & Palmer，1997）。不确定性假说认为环境规制对经济发展的影响存在规制方式、期限、行业或企业、区域以及技术创新驱动类型等异质性，或无明显关系。从环境规制方式差异来看，在促进 GDP 增长率方面，韦茨曼（Weitzman，1974）发现当预期收益曲线较平坦时，环境税比命令—控制型规制方式的效果更明显，在技术创新激励方面，在完全竞争条件下，明德和普锐斯（Milliman & Prince，1989）一致认为拍卖许可证的效果最显著，环境税次之，免费许可证、排放标准效果最不明显，而在不完全竞争条件下，蒙特罗（Montero，2002）通过比较拍卖许可证、可交易许可证、排放标准以及管理标准等四种规制方式，发现排放标准比许可证的效果更明显；从不同期限的环境规制效应来看，拉诺伊等（Lanoie et al.，2008）发现环境规制的创新补偿效应滞后于遵循成本的负面效应，从而导致环境规制短期抑制技术创新，而长期促进技术创新；从行业或企业类型差异来看，康拉德和韦斯特（Conrad & Wastl，1995）发现环境规制对重污染行业生产率的影响存在产业异质性；从区域差异来看，艾蓓等（Alpay et al.，2002）发现环境规制会促进墨西哥食品加工业生产率的提高，而对美国食品加工业生产率存在负面影响；从技术创新驱动类型来看，巴然鲁德（Brännlund，2010）运用瑞典数据，结论表明环境规制对技术创新的作用并不显著，可能的原因在于环境规制方式的度量不准确，或者环境规制与技术创新之间本质上并不相关。柯奈尔和马德森（Kneller & Manderson，2012）以英国制造业为研究对象，发现环境规制会刺激绿色技术创新投入，同时挤出非绿色技术创新投入，其绿色技术创新的正面效应无法抵消非绿色技术创新挤出的负面效应。

（二）环境规制对经济增长影响的国内研究

国内学者主要从实证上研究了环境规制对中国经济发展的影响。黄德春和刘志彪（2006）、王兵等（2008）、李阳等（2014）均支持创新补偿说的观点。而大多数相关研究认为环境规制对经济发展的影响存在不确定性，其不确定性与区域、行业、污染物种类、环境规制方式差异及其门槛条件有关。在区域差异方面，王国印和王动（2011）、沈能和刘凤朝（2012）研究均表明环境规制对较发达的东部地区技术创新存在明显的促进作用，而较为落后的中西部地区影响效应不明显，甚至存在负面作用。李平和慕绣如（2013）发现在经济发展水平、能源利用效率较高的地区，环境规制能明显促进技术创新；在行业差异方面，李玲和陶峰（2012）发现重度污染行业环境规制能促进绿色全要素生产率的提升，而中轻度污染行业环境规制与绿色全要素生产率之间呈现 U 型变化规律。徐敏燕和左和平（2013）发现外生和内生环境规制对产业竞争力的影响是创新效应和产业集聚效应综合作用的结果，若环境规制外生，重度污染行业创新的正效应难以抵消产业集聚水平下降的负效应，总体上不支持波特假说，中度污染行业创新效应不明显，但产业集聚效应增强，总体上有利于行业竞争力提升，轻度污染行业两种效应均不显著，若环境规制内生，测度结果均支持波特假说，不存在行业污染程度的异质性。李勃昕等（2013）研究发现在技术密集度和研发强度较高、环境污染程度较小的行业，环境规制对研发创新效率的提升作用更明显。王杰和刘斌（2014）研究表明环境规制与全要素生产率之间呈倒 N 型变化关系，仅有少数重度污染行业跨越第一个拐点，而大多数行业环境规制不利于全要素生产率的提升；在污染物种类差别方面，王文普（2011）对二氧化硫和化学需氧量减排的经济效应进行了比较，研究发现前者能促进生产率增长，而后者对生产率存在负面影响。李静和沈伟（2012）对三废污染物减排的技术创新效应进行验证，发现仅有固体废弃物满足波特假说；在环境规制方式差异方面，李斌和彭星

（2013）发现市场激励型规制方式比命令—控制型规制方式更有效。许士春等（2012）研究表明环境税和拍卖许可证与绿色技术创新正相关，而可交易许可证的技术创新效应与排污许可证的数量是否固定有关。原毅军和刘柳（2013）将环境规制区分为费用型和投资型，投资型规制方式的经济效应显著，而费用型规制方式对经济发展无明显影响；波特假说的实现需要具备一定的前提条件，李婉红等（2013）发现环境规制对绿色技术创新正面效应的发挥需要具备一定的行业规模、人力资源投入条件。陶长琪和周璇（2015）研究表明环境规制对绿色全要素生产率的影响存在环境规制强度、要素集聚度的门槛，适度的环境规制力度和不断提升的要素集聚度是实现环境规制正面效应的关键。

二、环境规制对贸易模式影响的理论

（一）环境规制对贸易模式影响的国外研究

环境规制对贸易模式影响的研究主要包括污染避难所假说和要素禀赋假说两方面。污染避难所假说认为环境规制严格度低于其贸易伙伴的国家具有生产与出口污染密集型产品的比较优势（Baumol & Oates，1988），支持该假说的经验研究往往以与发展中国家相关的贸易为样本，而经验研究结论不支持该假说的原因存在较大差异，具体原因包括环境内生性（Ederington & Minier，2003）、治污成本占总成本比重较低（Jaffe et al.，1995）、治污成本的测度方法（Cave & Blomquist，2008）等方面。要素禀赋假说认为即使污染避难所效应存在，要素禀赋差异会超过环境规制差异对污染密集型产品贸易流向的影响，包括依赖于特定要素的资源基础型行业（Van Beers & Van den Bergh，1997），具有资本要素禀赋显著优势的国家（Cole & Elliott，2003）以及由环境规制引致的企业出口竞争优势（Porter & Linde，1995）等。

（二） 环境规制对贸易模式影响的国内研究

国内学者关于环境规制对贸易模式的影响研究，其结论因贸易对象、产品种类、产业类型、作用时间以及环境规制强度等因素的差异而存在差别。大多数学者支持环境规制对贸易模式的正面效应，如尹显萍（2008）以中欧贸易为研究对象，发现环境规制与对外贸易之间存在稳定的相关性，陆旸（2009）以全球 52 个国家为样本，实证研究发现环境规制并未对污染密集型产品的贸易比较优势产生负面影响，而是促进了一些污染密集型产品的贸易比较优势，赵玉焕（2009）对中国纺织业进行研究，结论发现环境规制力度的加大在短期内会增加纺织业生产成本，进而降低其贸易比较优势，但长期有利于纺织业出口竞争力的提升，李宏兵和赵春明（2013）以中美贸易为研究对象，发现环境规制能促进中国中间产品的出口，比较环境规制对不同污染程度的产品类型的影响，环境规制对污染密集型产业的促进作用较小。此外，还有一些学者认为环境规制对贸易模式的影响存在不确定性，如傅京燕和李丽莎（2010）通过对中国 24 个行业的研究，发现环境规制对中国贸易比较优势的影响呈倒 U 型变化趋势，李小平等（2012）的研究结论与之相似，发现环境规制强度与中国贸易比较优势之间的关系呈现倒 U 型的非线性动态变化规律，而李怀政（2011）的研究显示环境规制能提升中国出口贸易的环境竞争优势。

三、环境规制对 FDI 选址影响的理论

（一） 环境规制对 FDI 选址影响的国外研究

环境规制对 FDI 选址影响的研究主要围绕在是否支持污染避难者假说方面。污染避难者假说依据比较成本优势原理，认为重度污染企业将从环境严格规制的发达国家迁至环境规制相对松散的不发达国家，因此，环境规制的强化会影响污染密集型产业选址决策进而跨境转移，环境规制水平较低的地区会成为污染避难所。支持污染避难者假说的经验研究大多以中美韩 FDI 的选址决策为样本（Chung,

2014），而经验研究中无法发现污染避难者假说的原因主要在于治污成本占总成本比重较低，由于环境规制成本占总成本的比重一般介于1%～2%之间（Esty & Geradin，1998），环境规制成本可能不是污染密集型产业跨境转移的主导因素。尽管莱文森（Levinson，1996）发现污染密集型行业的大型跨国企业的选址决策与该区域环境规制的力度存在一定的关联，但大多数研究表明遵守环境规制所带来的成本并非对企业选址决策存在明显的影响。此外，对污染避难者假说持折衷观点的研究认为，环境规制对 FDI 选址的影响存在 FDI 来源地和流入地的区域异质性。如迪恩等（Dean et al.，2009）发现中国宽松的环境规制对来自港澳台的资本具有吸引力，而不足以影响来自欧盟成员国的投资水平。

（二） 环境规制对 FDI 选址影响的国内研究

环境规制对 FDI 选址的影响与 FDI 所有权、FDI 存量、FDI 来源地、FDI 流入区域以及模型设置相关。国内学者黄顺武（2007）研究发现环境规制对 FDI 流入的影响不明显，认为 FDI 流入的主导因素为与经济增长相关的因素。而大多数文献研究发现环境规制对 FDI 选址的影响具有不确定性，如所有权结构对外资流动的影响，实施严格环境规制的区域对不同所有权结构的外资流入存在较大差异（孟凡臣和李子，2006），江珂和卢现祥（2011）通过研究环境规制相对力度的变化对外资流动的作用，发现环境规制对外资流动的影响与外资的来源国密切相关，其中，环境规制会限制来自发展中国家的 FDI，而对来自发达国家的 FDI 无影响，袁枫（2013）将样本区分为东中西三大区域，研究结论显示区域环境规制水平对 FDI 选址影响效应与影响渠道存在较大的区域异质性。

四、环境规制对生态环境质量影响的理论

（一） 环境规制对生态环境质量影响的国内外研究

国内外环境规制对生态环境质量影响的研究集中在实证研究方

面。大多数国外学者研究成果显示环境规制能促进生态环境质量的改善，瑞尔斯通（Rilstone，1996）以加拿大纸浆和纸制品企业为研究对象，发现环境规制能减少大约28%的生物需氧量和固体悬浮物排放。达斯古普塔等（2002）对中国镇江污染企业进行研究，发现环境监管能减少0.4%~1.18%的生物需氧量和固体悬浮物引起的水污染。少数国内外学者研究得出不同观点，戈尔达和班纳杰（Goldar & Banerjee，2004）对印度集群产业的研究发现环境规制的实施对其下游水质环境质量的影响微弱。国内学者以中国为样本的研究结论因样本期限、污染物类型、环境规制方式的差别呈现较大差异，部分相关文献均以二氧化硫排放物表征污染排放物，马士国（2008）以2002年为样本的研究发现只有硫税税率保持指数上升趋势，才能实现持续、等量的污染减排目标，而王锋正等（2014）以2001~2011年为样本的研究却发现环境规制对污染排放无明显影响。贾瑞跃和赵定涛（2012）发现环境规制对生态环境质量的影响存在规制方式异质性，其中市场激励型规制方式和信息披露型规制方式减排效应显著，而命令—控制型规制方式的减排效应不明显。还有研究表明环境规制对生态环境质量的影响存在不确定性，如韩晶等（2014）发现环境规制与环境效率之间呈现倒U型关系，具有明显的三重门槛特征，说明环境规制对环境效率的正面效应需要具备一定的环境规制强度。

（二）环境规制对碳排放影响的国内外研究

环境规制对碳排放影响的研究主要包括绿色悖论效应和倒逼减排效应两方面。绿色悖论效应（Sinn，2008）是指环境规制的实施加速了化石能源开采，并促进了化石能源消耗导致的碳排放快速增长，其可能的影响机制在于，环境规制方式的不合理设置、减少化石能源需求的政策、环境规制制定和实施之间的时滞。自其开创性地提出绿色悖论效应以后，国外开始涌现大量围绕绿色悖论效应存在性及其影响机制的理论研究。关于绿色悖论效应的存在性，有一些文献对此提出了质疑。普洛格和维斯艾杰（Van der Ploeg & Withagen，2012）则指出绿色悖论效应存在的前提条件，若替代能源为相对昂贵且清洁的能源，如太阳能或风能，环境规制的实施短期内会促进化石能源消耗及碳排放增长，形成绿色悖论效应，但若替代能源为相对低廉的能源，如核能，环境规制的实施会加速能源替代，从而限制碳排放增长，形成倒逼减排效应。关于绿色悖论效应影响机制的大多数文献一致同意斯恩（2008）的观点，重点关注减少化石能源需求政策对供给方化石能源开采规模影响的内在机制。在此基础上，韦尔夫和马瑞（Van der Werf & Di Maria，2012）进一步将绿色悖论效应区分为强绿色悖论效应和弱绿色悖论效应，前者关注不合理的环境规制方式会增加未来温室效应变化带来的损失净现值，后者关注不合理的环境规制方式会促进短期碳排放增长。国内学者主要以中国为样本，实证研究环境规制对碳排放的影响，大多数研究结论表明环境规制对碳排放的影响微乎其微，即不存在绿色悖论效应和倒逼减排效应（何小钢和张耀辉，2011），还有少数研究结论显示不同类型环境规制方式对碳排放的影响不确定。彭星等（2013）发现非正式环境规制方式对碳排放的影响存在经济发展水平和人力资本水平的双门槛，即只有同时跨越两个门槛值才能实现倒逼减排效应。张华和魏晓平（2014）发现正式环境规制方式对碳排放的影响呈 U 型曲线变化规律，即随环境规制强度的不断增加，环境规制影响效应由绿色悖论效应逐步转变成倒逼减排效应。

第三节　环境规制对劳动力影响的相关研究综述

除了环境规制对经济增长、国际资本流动、国际贸易、生态环境质量的影响以外，环境规制还会对劳动力供给与需求、劳动力收入以及劳动生产率等劳动力方面产生影响。

一、环境规制对劳动力就业影响的国内外研究

（一）环境规制对劳动力就业影响的国外研究

关于环境规制对一国经济影响的国内外研究较多，而涉及环境规

制对就业影响方面，国外学者的研究自 20 世纪 90 年代初才开始出现，至今已积累了较为丰富的研究成果。由于南北国家在经济发展阶段、国际分工模式方面的差异所导致的就业模式的差别，大多以发达国家为背景的环境规制对就业影响的结论，是否同样符合发展中国家的现实？对此，国内学者的关注如此之少，涉及以中国及其他发展中国家为样本的研究自 2011 年开始，截至目前仅搜索到 3 篇左右，且所得结论存在较大分歧。因此，在环境规制对就业影响的文献综述中，本部分重点对国外的相关文献从研究方法的视角进行梳理，分别从典型案例、影响机制以及经验实证等不同的研究方法展开论述，为以中国及其他发展中国家为样本的研究奠定理论基础与提供经验借鉴，以期在环境保护与就业机会两者关系的权衡中拟订适度的环境规制力度。

1. 典型案例研究。阿斯克（Aske，1994）针对美国 1970 年颁布的"洁净空气法"的影响进行评估，发现总体上一国环境规制对制造业工厂选址的影响相对较小，与以往研究结论的不同之处在于，研究指出一国环境规制越严格，吸引的制造业工厂越多，进而有利于制造业就业人数的增长。罗伯森（Robertson，1995）通过各种不同的环境法令对美国伊利诺伊州、俄亥俄州影响的研究发现，就业效应存在区域与规制异质性，例如，1969 年实施的"联邦政府煤矿保健与安全法"对伊利诺伊州具有显著效应，而对俄亥俄州及美国整体无明显影响；1970 年的"洁净空气法"显著减少了硫排放较高地区的就业数量，而对美国整体无显著影响，表明就业岗位可能从硫排放较高的地区向硫排放较低的地区迁移；1977 年颁布的环境法修正案与露天垦荒法对上述美国各州均无明显作用。贝兹德克和文德林（Bezdek & Wendling，2005）针对美国 CAFE（公司平均燃料经济性）标准的实施影响进行了模拟，结果发现标准的实施可能创造出 30 多万个就业机会。柯蒂斯（Curtis，2012）以氮氧化合物预算交易项目（NBP）为对象，发现排污权交易项目的实施可能导致 10 万多份就业机会的损失。

2. 理论机制研究。关于环境规制与就业之间的逻辑关系，一般认为，环境规制的强化往往推高生产成本，产品价格随之提升，市场需求相应减少，从而带来产出下降与就业损失。对此，贝克和亨德森市（Becker & Henderson，1997）明确指出，上述逻辑演绎忽略了这样一个事实，即当需求缺乏弹性或生产方式的劳动密集程度增加时，反而可能导致就业的增长。因此，环境规制对就业的综合效应存在一个模棱两可的预期，有必要针对环境规制对就业的作用机制进行深入探讨。

（1）成本效应。在技术水平不变的前提下，环境规制通常导致企业生产成本的上升，同等的产出需要包括劳动在内的更多要素投入，而"波特假说"从技术创新的动态效应来看，清洁技术如能源节约型发动机的不断改进可能导致成本的下降，进而促进市场竞争力的提升，产品需求以及企业就业机会随之增加。因此，有必要对环境规制所带来的生产工艺创新的类别进行区分。按 OECD 的划分方法，可将环境规制所带来的生产工艺创新划分为生态技术创新、生态组织创新与再循环创新，进一步地，生态技术创新又被划分为一体化生态创新与工艺末端生态创新其中一体化生态创新包括产品、服务以及一体化工艺生态创新，而再循环创新作为一种独立的分类，工艺内部的再循环创新可视为生态技术创新，工艺外部再循环被视为工艺末端创新。霍尔巴赫等（Horbach et al.，2012）则在区分工艺与产品生态创新的不同类别创新对就业影响的基础上，进一步区分了原材料与能源节约、气体排放或循环利用的影响差异：

其一，工艺创新通常会对就业产生直接负效应，如在产出既定的条件下，工艺创新可能有利于生产力的提升，从而对就业产生负面影响，然而，在产出未做限定的现实条件下，生产力的提升意味着企业竞争力的提升，市场需求的扩大就会对就业带来积极的正面效应。其中，工艺末端的生态创新需要额外的人员参与，其直接就业效应为正，而工艺末端的生态创新往往带来更高的治理成本，企业竞争力下降，进而产出与就业水平下降，其间接就业效应为负；

其二，产品生态创新能形成新产品的市场需求，新产品所带来的新一轮产品生命周期能在初期、中期产生旺盛的消费需求，当新产品能创造出全新的市场或替代竞争对手的产品时，就单个企业而言，其就业效应为正，然而，在宏观经济层面，其就业效应依赖于替代性产品的劳动密集程度；

其三，当新产品的引入导致产出减少而处于市场垄断局面时，也会导致对就业的负面作用。威尔麦（Weiermair，2004）认为，工艺末端与再循环生态创新往往有利于促进就业增长，可能的原因在于它们延长了产业价值链并建立了新的产业关联，而企业组织生态创新最初伴随着额外的费用支出与新的工作流程，可能带来新的就业机会。

（2）要素替代效应。克普兰和泰勒（Copeland & Taylor，2003）将污染直接视为一种生产要素，其价格的增加即环境规制的增强可能促使企业采用其他要素进行替代，同传统的生产活动相比，与环境相关的生产活动的劳动密集程度往往更高，如企业的清洁生产可能需要更多的监督与维护活动，或者更少的燃料与原材料的投入，从而使单位产出的劳动投入增加，然而，也有可能出现相反的情况，清洁的生产过程也有可能包括更多的生产自动化处理设备，资本密集程度随之提高，或者生态创新同时提高了能源与劳动生产率，进而形成了其他要素对劳动的替代，这意味着单位产出的劳动投入下降。

（3）需求效应。环境规制对就业影响的综合效应，很大程度上取决于变化的生产成本向消费者转嫁的程度与该行业产出的需求弹性，这两种特性可能并非独立的因素：面临激烈的竞争环境条件下富有弹性的行业产出弹性，该行业可能更容易降低环境规制的市场代价，而对于竞争性较弱的缺乏需求弹性的行业而言，则可能较少关注环境规制所导致的成本上升。泰托夫（Daitoh，2003）认为，污染税的提高对制造业就业的影响同劳动力投入与污染税之间的替代性有关，若制造业产品的需求价格弹性足够低，替代效应将起主导作用，进而促进制造业就业数量的上升。此外，在环境污染治理活动中，除纳入环境规制的企业内部要素替代效应以外，产业链上游供应减污设备与服务的企业对劳动力的需求也会增加（Morgenstern et al.，2002）。

（4）供给效应。少量文献探讨了环境规制通过保健、劳动生产能力途径对就业的影响，正如克拉巴尔蒂和密特拉（Chakrabarti & Mitra，2005）认为，环境规制的加强改善了工人的健康状况，劳动生产能力提高，进而影响人们在劳动与闲暇之间的选择，其影响方向与劳动力市场的供给状况密切相关。汉纳和奥利弗（Hanna & Oliva，2011）认为，环境污染的变化对工作时间的影响具有两面性：其一，环境污染影响了个人及家人的身体健康，他们会因为照顾孩子及家人而减少工作时间，而环境污染的减少降低了工作的无效性，工作时间增加；其二，环境污染对成年人健康的影响不至于大到影响工作，成年人可以通过各种方式规避高污染对身体健康的危害，而当环境污染降低，个人为了身体健康而多享受一些闲暇或者减少对保健品的消费，可能导致工作时间的减少；其三，环境污染的减少有利于劳动生产率的改善，可能导致工资增长，而工资增长对工作时间的影响则是不确定的。此外，由于环境规制所导致的一部分劳动力替代，这部分被取代的劳动力重新回归劳动力市场，使劳动力市场的竞争环境更为激烈，可能会降低工人的工资率，进而减少劳动力总供给水平。

此外，能源价格也是影响环境规制就业效应的关键因素之一，如马克（2012）认为，环境规制对能源价格的冲击可能带来两种相反的就业效应：一方面，在假定资本与能源互补，而资本与劳动相互替代的条件下，环境规制对能源价格的正向冲击可能导致企业家雇佣更多的劳动力而投入较少的资本，或者提高能源价格所产生的需求也可能会创造出旨在供应能效设备与服务的就业机会（Berman and Bui，2001），另一方面，能源价格的上升可能提高边际成本，导致产出的降低以及劳动需求的减少，此外，企业在选址决策过程中，能源价格较高地区的企业可能迁至能源价格未受正面冲击的地区。

3. 实证研究。

（1）环境规制的强化减少了就业机会。超和余（Chao & Yu，2003）运用垂直关联模型检验了环境规制与就业之间的关系，结果发现上游产业在中间产品的生产过程中排放的有害气体比最终产品的生产更多，因此，对上游产业污染的征税越高，产出越少，伴随农村人口向城市的迁移，失业水平越高。谢德贝吉和格雷（Gray & Shadbegian，2003）运用 1974~1985 年美国制造业的面板数据检验了空气质量规制对就业的影响，结论发现环境规制同时显著减少了对生产与非生产性工人的劳动需求。柯尔和艾利奥特（Cole & Elliott，2007）对英国环境规制与就业的关系进行了验证，发现环境规制系数为负，且不显著。霍尔等（Ho et al.，2008）运用可计算的一般均衡模型对碳价格的就业效应进行模拟发现，碳税 10 美元/吨的下调对就业量的负面影响介于 1%~2% 之间。奥利弗（2010）提出环境规制对劳动力市场的潜在影响取决于劳动力需求相对能源价格的二次弹性值，并运用美国 1976~2007 年间各行业数据对电价与劳动力市场活动的关系进行考察，结果发现，全日制就业相对于电价的二次弹性值介于 -0.16%~0.10% 之间，说明电价对就业率存在微弱的负面影响。布兰鲁德和鲁德格瑞（Brannlund & Lundgren，2010）运用瑞士 1990~2004 年间企业层面的投入产出数据考察了碳税对企业利润的影响，结果显示大部分工业企业的表现与“波特假说”相反，尤其是能源密集型工业企业，换言之，在控制了能源价格的影响以后，碳税对技术创新与利润存在负面效应，就业机会可能随之减少。沃克（2011）运用人口普查纵向业务数据库发现，20 世纪 90 年代排放标准的强化导致就业水平的持续下降。卡恩和曼苏丽尔（Kahn & Mansur，2010）考察了美国各州碳税的征收对制造业就业的影响，结论发现征收 15 美元/吨的碳税可能带来 1.1% 的就业减少，约 1.5 万个就业损失。

（2）环境规制的强化促进了就业增长。亨德森（Henderson，1995）通过将空气质量达标地区与非达标地区进行比较发现，制造业就业率在非达标地区更低，对此，可能的原因为在非达标地区，环境规制降低了出生率，增加了死亡率。贝曼和贝薇（2001）运用微观企业数据考察了 1979~1992 年美国洛杉矶新空气质量标准对制造业就业的影响，研究发现，无论是否允许企业的自由进出，都没有证据表明空气质量标准的提高会明显减少就业机会，他们对估计结果的解释是纳入环境规制的企业并非劳动密集型企业，大多为资本密集型企业，而资本密集型企业受到的就业影响较小。类似地，摩根斯特纳等（2002）运用结构模型并针对美国造纸业、塑料制品业、石油冶炼业以及钢铁行业等四个重污染工业微观企业层面的数据，发现环境规制对美国劳动力需求存在一定的正面促进作用，当环境保护的投入每提高100万美元，可为上述四个重污染工业带来平均1.55个就业机会，甚至会为塑料制品业与石油冶炼业创造出"棕色"就业机会。卡拉森等（Claassen et al.，2008）以国家整体以及国内五个州为样本，检验了美国环境工业规模与就业之间的关系，结论发现，环境规制的就业总效应为正，具体来看，自2003年以来产生的500多万个就业机会大部分为标准就业机会如会计、工程师、计算机分析师等等，与环境相关的就业机会占总就业机会的比重较小，主要集中在制造业、信息科学与技术服务等领域。汉纳和奥利弗（Hanna & Oliva，2011）考察了墨西哥环境污染与劳动力供给之间的关系，运用精炼厂的关闭作为污染代理变量，验证了工作时间相对于环境污染的短期弹性，结论表明二氧化硫污染物排放增长1%，周工作时间减少0.43% ~ 0.67%，精炼厂的关闭有利于工作时间的延长，可能带来就业的增长。陈媛媛（2011）运用2001 ~ 2007年中国25个工业行业面板数据验证了环境规制的交叉价格弹性，发现环境规制的强化有利于促进就业的增长，其中污染密集型行业的就业增长效应更明显。杨等（Yang et al.，2012）运用1997 ~ 2003年间台湾地区工业行业层面的数据，研究结论支持了"波特假说"，发现严格的环境规制有利于科研投入的增加与工业生产率的提升，就业机会可能随之增长。哈弗斯特德和威廉姆（Hafstead & Williams，2016）根据工业行业的污染密集程度，发现污染税导致大量就业机会向污染密集型较低的行业转移，且非污染密集型行业的就业增长抵消了污染密集型行业的就业损失。

（3）环境规制对就业的影响不明确。

第一，不同的行业类型。卡门等（Kammen et al.，2004）研究发现，可再生能源行业比以石油燃料为基础的能源行业能创造出更多的就业机会，并认为运用有利于能源效率与可持续运输系统的相互协调的能源综合政策，在支持可再生能源行业的就业创造方面，比单独运用其中某一项政策更为有效。艾迪和皮泽（Aldy & Pizer，2009）

运用行业层面的时间序列数据检验了碳税每变动 10 美元/吨的就业效应，结论发现尽管对一些高电力密度的制造业部门影响较大，但对行业整体的影响却微乎其微。马克（2012）从行业层面能源密度异质性的角度出发，考察了电力规制对制造业就业的影响，发现电力规制使高度依赖能源的行业产生了就业损失，而能源依赖程度较低的行业却带来了就业增长，且前者的影响程度大于后者。闫文娟等（2012）以产业结构为门限变量构建了非线性面板门限模型，运用 2003～2010 年省际面板数据对环境规制的就业效应进行了考察，研究发现当第三产业占 GDP 的比重超过门限值时，环境规制对就业的影响由负变正，因此，第三产业的比重是影响的关键。

第二，环境规制引致的不同的生态创新类型。由于新产品可能需要新工艺，且新工艺也可能会改变产品与服务的特性，因此，清晰界定产品与工艺生态创新是有困难的。克拉夫和瑞林斯（Cleff & Rennings，1999）认为，产品与服务生态创新有利于就业增长，一体化工艺与物流生态创新对就业存在负面效应，而工艺生态创新并不一定会促进生产力，因为此类创新并非一定以成本减少或销售扩展为驱动，而是为了达到环境规制的要求，影响的净效应是不明确的。法伊弗和瑞林斯（Pfeiffer & Rennings，1999）以德国各行业的电话问卷调查数据为样本，发现在就业创造方面，产品生态创新效应强于工艺末端的生态创新效应，前者的积极效应体现在新的清洁产品并未取代原有产品，而是形成对原有产品市场的有效补充。瑞林斯等（Rennings et al.，2001）对 1998～2001 年间来自五个欧洲国家的 1600 家引入生态创新的企业进行电话问卷调查，发现产品、服务以及工艺生态创新能明显带来就业创造，而工艺末端的生态创新则可能会对就业带来负面影响。

环境规制的双重红利假说的存在性在理论上仍然富有争议，从实证的角度来看，双重红利假说只存在于几种特定类型的生态创新中，如促进原材料循环再利用的逆向物流系统生态创新等。陆旸（2011）基于 VAR 模型运用 1987～2007 年中国 43 个行业数据模拟了碳减排与就业的双重红利假说，结论显示开征 10 元/吨的碳税对中国未来五年内的就业增长影响不明显。

第三，劳动力的异质性。法伊弗和瑞林斯（1999）进一步研究发现，生态创新对劳动力资质的要求更高，由此可推知，生态创新对熟练与高技术水平劳动力需求上升的同时，伴随着对非熟练与低技术水平劳动力需求的下降。森和阿卡亚（Sen & Acharyya, 2012）对环境规制的总效应进行分解发现，对于非熟练劳动生产率水平的提高会减少劳动需求与就业机会，原因在于单位产出所需的劳动投入下降，对于熟练劳动生产率水平的改进促进了有效劳动供给，有利于中间品如净化处理部门与污染出口品部门的扩张，反而促进就业机会的增加，因此，异质劳动生产率的就业总效应取决于清洁设备的中间品生产过程中资本与熟练劳动的替代程度。

（二）环境规制对劳动力就业影响的国内初步研究

涉及环境规制对中国就业影响的研究很少，目前国内相关文献仅对就业双重红利假说、环境规制的就业交叉价格弹性以及环境规制和就业的非线性关系进行了初步计量分析。

环境规制与就业增长是促进经济社会和资源环境的双赢，实现包容性增长的重要方面。由国内外文献的梳理可知，国外文献运用发达国家数据，揭示了环境规制对就业影响的动态效应与内在传导机制，而国内学者的研究才刚刚起步，陆旸（2011）、陈媛媛（2011）、王勇等（2013）分别从工业行业的视角展开了经验研究。然而，环境库兹涅茨曲线理论显示，环境规制的经济效应与各区域经济发展阶段密切相关，从省级层面考察能更好地揭示不同阶段两者之间的关系，国内仅有闫文娟等（2012）、李梦洁和杜威剑（2014）运用省级面板数据进行分析，其中前者只对环境规制与产业结构影响因素进行了测度，缺乏基于异质性劳动力视角的环境规制就业效应的系统考察。关于环境规制的就业结构效应研究，李梦洁（2016）基于工业行业的研发投入程度区分就业结构，未从行业内劳动力的技能进行区分，而张先锋等（2015）对环境规制与就业技能结构关系考察的模型设定，未纳入环境规制影响效应的动态非线性特征。具体来看，主要存在以下三个方面的不足：

第一，缺乏将劳动力特征纳入中国研究框架。现有环境规制研究大多假设劳动力同质且劳动力市场完全就业，忽视了劳动力不同特征的影响，可能无法深入对环境规制的方式及其经济效应等基本问题的研究。

第二，国内现有环境规制研究主要集中在环境规制对经济发展、生态环境质量的影响方面，对环境规制的就业效应、就业技能结构效应的研究很少。奥肯定律认为，经济高速增长是实现充分就业的前提，但不是充要条件，两者同步实现还依赖于就业弹性系数的提高。现有文献对经济效应探讨较多，缺少对异质性劳动力就业效应及其影响因素的探讨，包括环境规制是通过何种机制对就业或就业技能结构产生影响，环境规制对就业或就业技能结构的影响是否存在行业异质性，以及何种因素会促进环境规制对就业或就业技能结构升级的正面效应，何种因素又会带来负面效应等问题的具体研究。

第三，缺乏基于劳动力特征的就业创造动机的环境规制方式研究。不同特征劳动力具有不同的就业机会，而这可能会影响政府环境规制方式的选择，特别是市场激励型环境规制方式的选择，此外，环境规制的分析范围局限于市场激励型环境规制方式，而较少涉及非市场激励型环境规制方式，现有文献对这一重要问题缺乏深入研究。

二、环境规制对劳动力收入影响的国内外研究

（一）环境规制对劳动力收入影响的国外研究

关于环境规制对劳动力收入影响的理论分析，早期文献表明环境规制对劳动力收入存在负面影响。当环境治理成本纳入生产成本，企业可能会通过减少劳动力需求或收入的方式将成本转嫁给劳动力。随后学者们从企业组织、市场规模、劳动力迁移成本、劳动力异质性等视角出发，发现环境规制对劳动力收入水平影响的不确定性。如环境规制对劳动力收入存在方向相反、相互抵消的两方面共同作用，一方

面，以环境税表征环境规制为例，环境税的征收会导致生产成本增长，并推高产品价格，这意味着劳动力实际收入水平的降低，另一方面，环境税的征收会降低企业利润，进而减少企业所得税的征收，抵消了前者对劳动力收入的负面效应。巴特和托马斯（Bartel & Thomas，1987）认为，环境规制对劳动力收入的影响与工会议价能力相关，即环境规制对工会组织化程度较低的小规模企业劳动力收入可能存在负面影响。贝曼和贝薇（2001）发现空气质量的净化会增加劳动力需求，进而促使该行业劳动力收入水平上升。哈兹纳和柯普（Hazilla & Kopp，1990）发现环境规制成本内化会提高消费者物价水平，从而导致劳动力实际收入水平下降。卡姆普（Campo，2004）认为环境规制对劳动力收入的影响取决于市场规模，当市场规模足够小，工会组织化程度较高的企业偏好收入水平，其结果将使环境规制较为宽松，劳动力收入水平受到的影响较小，反之，当市场规模足够大，工会组织化程度较高的企业偏好就业水平，其结果将使环境规制更为严格，并导致劳动力收入水平的下降。贝尔（Bayer et al.，2009）认为环境规制对劳动力收入的作用是有前提条件的，结合劳动力跨区域迁移成本因素，只有当劳动力迁移至空气质量改进地区所带来的收入增量大于迁移成本时，空气质量的改进才会对劳动力收入产生显著影响。超等（Chao et al.，2012）将劳动力视为特定要素，认为国内环境规制的弱化会同时促进贸易与非贸易部门产量的扩大，其中，贸易部门出口规模的增长有利于部门利润以及熟练劳动力收入水平的上升，若国内市场规模一定，产量扩大会进一步导致非贸易部门产品的价格下降，从而降低非贸易部门的利润以及非熟练劳动力的收入水平。

相关的实证文献分别运用特定要素模型、面板模型以及可计算一般均衡模型等进行分析，主要表现在两个方面：一是环境规制对劳动力收入的影响。早期霍伦贝克（Hollenbeck，1979）的研究运用可计算一般均衡模型考察了美国1970年清洁空气法对劳动力收入的影响，结果显示空气质量规制对劳动力收入存在负面影响。随后的实证研究结论也存在较大差异，部分研究认为环境规制会对劳动力收入带来负面效应，劳动力收入下降的具体程度因减排的污染物种类、行业的不同而不同，沃克（2012）考察了美国1990年清洁空气法规对劳动力收入的影响，结果表明改进后的空气质量规制对劳动力收入仍然存在负效应，尤其是对石油冶炼业、化学工业、造纸业等行业的影响最大。米什拉和斯密斯（Mishra & Smyth，2012）运用上海企业层面数据进行实证研究，发现企业通过减少劳动力收入的方式将环境规制成本转嫁给劳动力，环境规制导致劳动力收入水平下降了13.8%～18.8%。也有研究认为环境规制对劳动力收入的影响并不显著，如摩根斯特纳等（2002）发现仅有少数部门环境规制会影响劳动力收入，而大多数部门无明显影响；二是环境规制对劳动力收入分配的影响。超等（2012）运用特定要素模型考察了环境规制对入境旅游业收入分配的影响，结果显示环境要素投入即污染排放的增长将提高贸易部门技术型劳动力的收入，同时降低非贸易部门的非技术型劳动力的收入，这意味着宽松的环境规制可能会扩大技术型劳动力与非技术型劳动力的收入差距，而严格的环境规制有利于缩小收入差距。然而，弗尔顿和蒙特（Fullerton & Monti，2013）却得出了相反的结论，认为环境税会提高污染密集型商品的价格，原因可能在于低收入家庭对污染密集型商品的支付比重较高，从而环境税可能会加重低收入家庭的负担并减少低收入家庭的实际收入水平，进而扩大高收入与低收入家庭之间实际收入的差距。

（二）环境规制对劳动力收入影响的国内初步研究

国内学者对此研究极少，相关研究集中在劳动力收入水平对生态环境质量的影响方面。如环境库兹涅茨曲线理论，当劳动力收入水平较低时，劳动力为获得较高收入而愿意承担生态环境污染的代价，而当劳动力收入水平超越一定的门槛值，劳动力对生态环境质量的要求变高，会选择抵制生态环境污染的产业或项目的实施。而劳动力收入与生态环境质量之间呈互动关系，仅有少数文献从生态环境质量变动对劳动力收入变化的角度进行了初步研究，如碳税征收对劳动力收入的影响，王文举和范允奇（2012）的研究结论均显示各区域碳税征收会导致资本要素收入占总收入的比例显著增长，而劳动要素收入占总收入的比例明显降低，其中西北地区碳税的收入效应相对较弱。樊勇和张宏伟（2013）进一步将碳税的收入分配效应分解为直接效应与间接效应，结论表明碳税征收存在明显累退性，其中，直接效应对碳税的累退性贡献力度相对较大。

由此可知，基于碳税探讨环境规制的收入分配效应的国内研究，仅从资本要素和劳动要素之间的收入分配进行了探讨，并未针对不同特征的劳动力收入分配变化进行分析，同时，关于劳动力收入和生态环境质量之间的权衡，其研究停留在不同收入水平阶段对环境污染的容忍程度变化，表明劳动力收入和生态环境质量之间存在冲突，而从下文影响机制的分析来看，生态环境质量改善即环境规制对劳动力收入不一定是负面影响。同时，通过梳理文献发现，上述研究大多以发达国家为对象，以中国为样本的研究仅有两篇，一篇以上海企业为研究对象，另一篇仅以碳税表征环境规制。针对中国整体工业行业、不同类型劳动力收入的系统研究，目前尚无文献涉及。那么，环境规制对工业行业劳动力收入是否存在影响？如果存在，该影响是否存在劳动力异质性，并扩大劳动力收入分配的差距？因此，本部分需要结合劳动力特征对环境规制的收入效应及收入分配效应进一步展开研究。

三、环境规制对劳动生产率影响的国内外研究

（一）环境规制对劳动生产率影响的国外研究

环境规制主要通过两条路径对劳动生产率产生影响：其一，当环境规制成本内化于企业生产成本，追求利润最大化的厂商将一部分成本转嫁给劳动力，而劳动力收入的下降会抑制劳动力工作积极性，进而降低劳动生产率；其二，环境规制的实施有利于改善劳动力生存环境和身体健康状况，从而促进劳动生产率的提升。

国外学者关于环境规制对劳动生产率的影响的研究，主要集中在

环境规制对劳动力身体健康状况的第二条影响路径方面。理论研究支
持环境规制这一影响路径的有效性，如瑞格蒙特和梅尔斯（Rege-
morter & Mayeres，2004）运用改进后的一般均衡模型 GEM－E3，研
究发现碳税的征收带来的环境改善能减少医疗费用支出、增加劳动力
支配时间以及劳动生产率。随后的实证研究虽然支持环境规制对劳动
生产率的影响效应，但其结论并不一致，如汉纳和奥利弗（2011）
研究了量化的空气质量对劳动力工作时间的影响，结论发现空气质量
的改进对劳动力工作效率具有一定的促进作用。森和阿卡亚（2012）
运用开放小国的一般均衡模型，考察了限制污染品出口的环境规制通
过生产率途径对劳动需求产生影响，结论发现尽管生产率的改进所导
致的单位产出劳动投入的减少直接降低了劳动需求，然而，生产率的
提高能提高总产出进而降低生产的资本密集度，环境规制的总效应反
而有利于劳动需求的增长，最终促进就业机会的增加。然而，关于第
一条影响路径的文献研究极少，研究大多停留在环境规制对劳动力收
入影响的层面，并未进一步通过劳动力收入变化延伸到劳动生产率层
面。此外，德尔马斯和帕克维克（Delmas & Pekovic，2013）还进一
步提出了环境规制对劳动生产率的其他影响途径，如环境规制的应用
可以提高企业的社会认可度，也有助于企业组织的生态创新，包括对
雇员的培训、高层管理人员之间的交流或雇员对标准商业运营更为广
泛的参与等，这些均有利于劳动生产率的提升。

（二）环境规制对劳动生产率影响的国内初步研究

国内学者相关方面的文献研究很少。杨俊和盛鹏飞（2012）构
建劳动供给不变条件下局部均衡模型对环境污染对劳动生产率的影响
机制进行研究，发现环境规制主要通过环境污染对生产、劳动支付的
决策影响路径实现，并运用中国省级动态面板数据分析，结论显示环
境规制对劳动生产率的影响与作用时间、环境污染规模相关。谢凡和
杨兆庆（2015）进一步基于京津冀面板数据进行分析，结论发现环
境规制实施会抑制劳动生产率的改进，且这种影响存在一定时滞，其
中环境规制通过劳动支付决策影响劳动生产率的路径并不明显。上述

国内相关文献关注的是环境规制通过劳动力收入的降低影响劳动生产率的第一条路径方面，缺少对第二条影响路径的理论分析，本书将系统、深入阐述环境规制影响劳动生产率的内在影响机制和关键影响因素，提出相应的理论假说，并以中国为样本对其影响路径进行实证检验。

第三章

中国工业环境规制与劳动
生产率的演变趋势

自改革开放以来，中国长期粗放式工业化尤其是重工业的优先发展战略使生态环境遭到了严重破坏。特别是当 2011 年中国人均 GDP 首次跨越 5000 美元这一中等收入水平后，2012 年末的全国性雾霾天气显示出生态环境破坏的严重性与生态系统的脆弱性。现阶段中国仍处于工业化、城镇化的加速发展阶段，能源消费碳排放水平呈现持续上升的态势，工业化、城镇化与生态环境质量的矛盾越来越突出，无法再走发达国家在工业化进程中实施的"先污染再治理"的环境治理道路，那么，现阶段中国环境容量是否还能支撑经济高速发展的态势？若环境污染已经趋向于生态环境承载力的极限，中国环境规制力度和方式应如何调整，以在生态环境可承载的范围内实现经济的可持续发展？回答上述问题需要充分了解中国环境规制的演变历程，并在此基础上探索与中国国情相适应的环境规制体系。

第一节　中国环境规制的历史演变

改革开放以前，中国已开始初步尝试环境保护领域的探索。自改革开放以来，伴随中国经济高速增长的是 FDI、对外贸易规模的不断扩大，同时发达国家将高能耗、高污染的工业逐步向中国等发展中国家转移，生态环境压力持续增长，尽管中国在第二次全国环境保护会议上已明确将环境保护上升至基本国策的高度。然而，由于中国环境规制体系尚未健全，且环境保护长期停留在"先污染后治理"的治理理念阶段，经济高速增长仍然以生态环境质量的损失为代价。

一、1979年改革开放至1992年社会主义市场经济体制初步建立

在环境规制这一阶段演变历程，标志性事件为1983年环境保护别列为基本国策，促使环境规制从生产末端污染处理方式向污染预防控制方式转化，环境规制不断向更广、更深的水平演进。

（一）环境规制法制化

这一阶段提出的三大环境保护政策，分别为"预防为主、防治结合"，"谁污染、谁治理"，"强化环境管理"，以及新五项制度，环境规制开始进入法制化轨道，其内容也随之拓展、细化。大致来看，主要经历了两个方面的转变，一是明确了水污染物、大气污染物的质量标准和排放标准，从以往生产末端污染治理的立法规制向生产源头预防控制的立法规制转变，环境治理态度更为积极主动，同时，从以往单方面考虑工业企业生产与环境的关系向工业企业生产、居民生活区用水和大气质量、生态环境三者良性互动的关系转变。环境立法规制具体表现在水资源立法规制和大气立法规制方面：

第一，水资源立法规制。这一阶段中国确立了水资源立法规制的基本框架，通过了《中华人民共和国水污染防治法》和《中华人民共和国水法》，内容包括水环境质量标准，即拟订水体中各种污染物浓度上限，作为水体污染程度的衡量标准；污染物排放标准，即对人为排入水体的污染物限量的强制性规定；水污染防治的监管，即根据不同企业技术条件与污染情况的实际，采取适宜的水污染防治监管方式；生活用水的保护，即在满足城乡居民生活用水的前提下，兼顾农业、工业以及航运业用水的需求；水域和水工程的利用和保护，即兴修水利工程，以满足防洪、灌溉的需求。

第二，大气污染立法规制。这一阶段中国确立了《大气污染防

治法》，内容包括大气污染防治监管，即对排污单位的大气排污量超量的监管；防止燃煤、废气、粉尘和恶臭污染，即通过提高能源利用效率、改进污染物处理设备等方式实现不同类型污染物的减排；大气环境质量标准，即大气中各种污染物浓度上限的限定，具体在1979年颁布的《工业企业设计卫生标准》和《大气污染质量标准》中明确了不同类型污染物浓度上限值；大气污染物排放标准，即为达到大气环境质量标准的要求，按照不同时期的经济和技术条件，对排入大气的污染物作出排放限量的规制。

（二）环境规制方式市场化

环境规制方式突破了以命令—控制型规制方式为主导的行政干预局面，为市场激励型规制方式奠定了必要的市场基础。虽然在不同国家环境治理历史进程中，命令—控制型规制方式均发挥过重要作用，但随着市场化建设的需要，命令—控制型规制方式无法根据瞬息万变的市场灵活调节，并且环境规制的制定、实施、监督过程的人为主观性较强，无法以最小成本有效保障生态环境质量。在这一阶段，市场激励型规制方式逐渐取代命令—控制型规制方式，具体表现在：

第一，排污费制度。排污费征收促使污染的外部成本内化于企业生产成本，从而使企业通过比较不同环境治理方式成本与规制成本，以选择适宜的环境规制方式。排污费制度在1979年颁布的《环境保护法（试行）》中提出，并在1989年颁布的《环境保护法》中予以确定，类似的排污费制度在水、大气污染防治法中也有相应的规定。

第二，排污权交易。排污权交易规制方式以市场为基础，将排污许可权作为市场交易对象，再对排污规制成本与技术创新成本进行比较，企业可选择治污技术创新，同时出售排污许可权获益，或者企业选择回避治污技术创新而买入更高排量的排污许可权。相对于排污费制度，排污权交易规制方式能更为迅速地按企业需求变动而迅速调整，也减少了政府行政干预导致的权利寻租现象。中国自20世纪80年代以来，已在上海等工业城市开展了排污权交易试点的实践，此阶段为排污权交易形成的基础阶段，1988年中国还颁布了《水污染物排放许可证管理办法》，规定水污染排放权可在本地区内不同单位之间交易。

第三，环保基金的设立。设立环保基金专款以确保环保筹资渠道的畅通。1984 年中国出台了《关于环境保护资金渠道的规定的通知》，确定了环保基金筹资的八条具体来源渠道，随后 1988 年颁布了《污染源专项基金有偿使用暂行办法》，进一步拓宽了环保基金的筹集渠道，将环保债券发行、国内外捐赠等纳入环保基金的来源项目。

二、1992 年社会主义市场经济体制初步建立至 2001 年中国加入 WTO

环境规制在这一阶段历经的标志性事件为可持续发展战略的提出，开始尝试在可持续发展战略的新视野下探索适宜的环境规制方式，进而促使环境规制的视野、主导模式发生转变。

（一）环境规制视野向可持续发展战略高度转变

1992 年里约环发大会上一致通过《21 世纪议程》宣言，该宣言要求各参与国因地制宜地制定可持续发展战略，随后，1994 年中国发布了《中国 21 世纪人口、环境与发展白皮书》，提出了第一个中国可持续发展战略。这一战略拓展了社会公众看待环境问题的视野，从以往的环境污染视野拓宽至可持续发展视野，环境问题已渗透到经济、社会、生态、文化等方方面面，具体表现为社会公众环保意识、观念的形成，随着人均收入水平的上升，社会公众逐渐产生对生态环境质量的诉求，社会公众对环保观念的接纳会通过消费决策的变化影响企业市场份额与利润，进而改变企业环境规制方式，从被动减排到主动减排转变，形成企业自愿型环境规制方式。

（二）环境规制主导模式的转变

随着可持续发展战略的提出，为实现生态环境质量的提升，单方面依靠政府力量的是有限的，需要从经济、社会、生态环境等不同角度综合考虑，充分调动社会力量，包括社会公众与民间环境保护社会组织等，促进环保产业协会、环保基金会、环保志愿者等组织与社会公众的广泛参与，从而影响政府环境规制的制定。如广为人知的自然之友这一组织成立后，各种民间环保组织层出不穷，同时，民间环保组织也逐步将环保工作延伸至社会基层，一方面有力推动了社会公众环保意识的提升，另一方面组织社会公众对国家环保事业建言献策，在政府环保部门和社会公众之间搭建环保信息沟通的桥梁，使政府制定的环境规制体现社会公众的意志，实施的环境规制得到社会公众的监督。这一阶段环境规制不再单方面以政府意志为主导，而是体现了政府意志和社会公众意志的融合，因此，环境规制主导模式由政府单方面主导逐步向政府主导下的社会共同治理转变，在一定程度上避免了政府单方面向经济增长妥协而出现的环境规制软化现象。

三、2001年中国加入WTO至今

自中国加入WTO后，中国与WTO成员之间由于环境规制标准的差异而涌现出绿色贸易争端，同时，面临来自国内生态承载力不足与国际环境保护等多重压力，中国政府的发展理念也在随之转变，并将"科学发展"和"生态文明"等指标逐步纳入了地方政府官员政绩考核体系，有力推动了地方政府职能导向及其竞争行为的转变。党的十八大进一步明确指出深化经济体制改革是加快经济发展方式转变的关键，经济体制改革的核心问题是处理好政府与市场之间的关系，必须更加尊重市场规律，以更好地发挥政府的作用，而加快转变经济发展方式的重要着力点在于建设资源节约、环境友好型社会。

（一）环境规制方向的转变

中国的环境问题是由粗放式经济发展模式导致的，而这种发展模式又源于"中国式分权"下的政府行为（蔡昉等，2008）。因此，探讨中国的环境规制方式与力度，需要进一步结合中国式分权下地方政府竞争的背景。在中国式分权体制下，地方政府竞争理论是解释中国三十多年来经济发展奇迹与经济发展质量低下共存之谜中最具说服力的理论，而两者共存必然导致中国资源与环境约束的矛盾。按照此逻辑来解释，在长期以经济发展为核心的地方政府绩效考核体系下，各地方政府竞争在环境规制的制定、实施和监督过程中可能存在"逐底竞争"行为，各区域竞相降低环境规制水平，进而导致经济发展和生态环境质量恶化共存。然而，当政府发展理念发生转变，并将生态环境质量改善纳入政绩考核体系后，地方政府竞争的"逐底竞争"行为可能弱化，有利于缓解环境规制软约束问题。由此可知，当地方政府官员绩效考核机制改变引致的地方政府竞争行为变化，可能促使环境规制方向从"逐底竞争"向因地制宜的"独立施行"或"逐顶竞争"转变。

综观这一阶段地方政府绩效考核体系中环境保护相关内容的变化，其环境绩效考核内容更趋明晰化、严格化、责任化。具体来看，在地方政府环境绩效考核指标和考核机制方面，2003年，十六届三中全会提出"科学发展观"，由此进入地方政府环境绩效考核体系的探索阶段。2002年和2003年，中组部、人事部等部分与原国家环保总局一直致力于地方政府环境绩效考核指标的建立，提出了具体可实施的指标有三废治理达标率、森林、绿地覆盖率，而绿色GDP指标由于指标界定不明确还处于斟酌阶段。由于环境规制标准拟订以及规制效应的滞后，"十五"期间粗放式的经济增长模式导致中国能源资源消耗过大、环境污染加剧等突出问题，因此，"十一五"规划提出主要污染物排放总量减少10%、能源强度降低20%的减排目标，并将减排指标上升为具有法律效力的强制性约束指标并纳入地方政府环境绩效考核体系，体现出党中央对环境保护的高度重视与决心。2006年，中组部颁布《体现科学发展观要求的地方党政领导班子和领导干部综合考核评价（试行办法)》，提出科学发展评价体系的目标内容，包括环境保护、资源消耗与安全生产、耕地资源保护三个方面，地方政府环境绩效考核体系的具体框架基本形成。2007年，党的十七大进一步将"建设生态文明，基本形成节约能源资源和保护生态环境的产业结构、增长方式、消费方式"列入全面建设小康社会的奋斗目标，并在同年出台了《中国应对气候变化国家方案》以及

《可再生能源中长期发展规划》。2011 年环保部颁布《国务院关于加强环境保护重点工作的意见》，明确将生态文明建设的目标纳入地方政府绩效考核体系中，实行环境保护一票否决制，并作为干部任用、在任领导考核的重要指标，环境保护的力度趋于严格化。2013 年党的十八届中央委员会全体会议通过《中共中央关于全面深化改革若干重大问题的决定》，提出建立地方政府官员环境问责体系，并承担生态环境损害责任终身追究的责罚，以终身追究倒逼地方政府官员的环境保护行为，强化了各地方政府生态文明建设的力度。2014 年，环保部与各省市签署了《大气污染防治目标责任书》，进一步明确各省市空气质量改进的具体目标，包括淘汰落后产能、机动车大气污染治理等项目的细化到年度的量化指标，落实了各地方政府环境保护的责任。以上这些政策措施促进了中国经济在资源、环境约束下的可持续发展。2015 年"十三五"规划明确提出，省级以下的环保机构开始实施环境污染监测以及执法的垂直管理制度，并于 2016 年颁布《关于省以下环保机构监测监察执法垂直管理制度改革试点工作的指导意见》通知，切实保障环境规制的实施与环境规制力度的落实，避免环保监测监察执法的责权利不明确以及地方保护主义的干预。

（二）环境规制标准与方式的国际协调

自加入 WTO 后，中国环境规制与 WTO 环境形势并不完全适应，需要依据国际环境形势进一步协调。倡导自由贸易的 WTO 认可各国出于环境保护的需要实施环境规制的合法性，但反对以环境保护的名义树立阻碍贸易自由化进程的绿色贸易壁垒，这一点在 1994 年颁布的 GATT 第二十条 b、g 两项，即 WTO 环保例外条款中有相应体现。其不适应之处表现在两个方面，具体来看：

第一，环境规制标准的国际协调。中国环境规制标准与 WTO 成员国环境规制标准并不一致，如中国农药的环境规制标准入世前仅涉及 137 项限量标准，而日本提出的农药环境规制标准涉及 734 项，农药品种的范围、细化均存在较大差距；环境规制标准的严格程度相对较低，同样以日本环境规制标准类比，发现日本约占总量 1/4 的标准严于中国；环境规制标准存在明显时滞，一部分环境规制标准滞后的原因在于拟订时间在入世以前，另一部分环境规制标准滞后的原因在于标准拟订后不再进行及时的修订和调整。由此可知，与 WTO 成员相比，中国环境规制标准存在分类粗糙、规制不严、更新滞后等明显不足，在与 WTO 成员贸易过程中因无法达到成员国环境规制标准而导致中国出口贸易受阻，或因中国环境规制标准与成员国的差异而被视为绿色贸易壁垒。因此，中国环境规制标准与国际接轨的过程，也是中国环境规制标准向 WTO 成员不断协调并趋于一致的过程。

第二，环境规制方式的国际协调。由于 WTO 以市场为导向，而中国环境规制方式正处于以命令型向市场型规制方式转变的初级阶段，与 WTO 成员在环境规制市场化程度方面存在较大差距，如中国在上一阶段确立的排污费制度，仅对超出环境规制标准的部分征收费用，不能完全视其为基于市场的环境规制方式。

第二节　中国环境规制水平的度量

一、环境规制的度量方法与数据

（一）测度方法

在环境规制方式的测度方面，环境规制的度量因环境规制方式的不同而不同。由于不存在直接反映环境规制水平的指标，均采用替代指标进行量化。其中，不同类型环境规制方式度量的常见方法归纳如下：

命令—控制型规制方式运用环境规制数量表示，包括环境污染标准和大气环境标准累积数；市场激励型规制方式可运用两种指标进行表征：一是二氧化硫去除率，由于大部分二氧化硫与碳排放均来自化石能源消耗，因此二氧化硫去除率与碳排放的规制水平高度相关，二是环境规制评价指标，国内外学者运用了多种度量方法，可直接运用排污费收入度量环境规制水平，也可以环境污染治理费用占生产成本的比重度量环境规制水平，或者对现有指标进行修正，该处理方法为首先计算各省市区单位工业产值的污染治理投资额或者排污费收入，再将各省市区工业结构的差异作为参数以对该指标进行修正；信息披露型规制方式与媒体信息报道、公众环保意识密切相关，可通过读秀数据库搜索包含"低碳"、"污染"、"环保"、"可持续发展"等关键词的信息数反映媒体信息报道指标，剔除重复、内容无关的信息数，并通过上访人数、环境污染来信数反映公众环境意识强度，并运用熵值法对媒体信息、上访人数和环境污染来信数进行赋权，同时，考虑到媒体信息报道、公众环保意识一方面与环境规制水平有关，另一方面也可能源于该区域环境污染现象较为普遍，为克服这一缺陷，可运用该区域三废污染物排放相对技术水平对上述测算结果进行修正。

本部分基于环境治理成本的视角度量环境规制，然而统计资料中工业分行业环境治理成本的直接数据难以获取。考虑到随着环境规制力度的强化，环境治理成本占生产成本的比重越高，单位产出的污染排放量越少，依循这一逻辑，本部分选用工业三废排放的倒数来测度环境规制水平。为消除工业三废排放强度的量纲差异，分别将工业三废排放强度进行线性标准化处理：

$$SE_{ijt} = \frac{(UE_{ijt} - UE_{jt,min})}{(UE_{jt,max} - UE_{jt,min})} \tag{3.1}$$

其中 SE_{ijt} 为第 t 期行业 i 污染物 j 的线性标准值，UE_{ijt} 为第 t 期行业 i 污染物 j 的排放强度，$UE_{jt,max}$、$UE_{jt,min}$ 分别为第 t 期污染物 j 的排放强度在所有行业内的最高与最低值。由于不同工业行业三废排放存在较大差异，同一工业行业内部三废排放同样存在较大差异，因此，对各工业行业三废排放的权重进行计算如下：

$$w_{ijt} = \frac{E_{ijt}}{\sum_{i=1}^{n} E_{ijt}} \bigg/ \frac{Y_{it}}{\sum_{i=1}^{n} Y_{it}} = \frac{E_{ijt}}{Y_{it}} \bigg/ \frac{\sum_{i=1}^{n} E_{ijt}}{\sum_{i=1}^{n} Y_{it}} = UE_{ijt} \bigg/ \overline{UE_{ijt}} \tag{3.2}$$

式中，E_{ijt} 为第 t 期行业 i 污染物 j 的排放量，w_{ijt} 为第 t 期行业 i 污染物 j 的权重。然后根据工业三废线性标准值加权平均的倒数来表征环境规制力度，如下：

$$ER_{ijt} = \frac{1}{\frac{1}{3}\sum_{j=1}^{3} w_{ijt} SE_{ijt}} \qquad (3.3)$$

上述方法是基于工业行业层面的环境规制水平的度量。对于省际工业层面环境规制的度量，本部分运用各省市区单位产出的废水、废气以及固体废弃物的污染排放水平的倒数表示，具体测度方法与上述方法类似，仅将上述式（3.1）~（3.3）中代表工业行业 i 的指标替换成代表省际工业 i 的指标。此外，还可从投入角度测度环境规制力度，分别运用工业行业废水和废气污染治理设施的运行费用占工业销售产值、主营业务成本的比重来衡量。

（二）数据来源

本部分对基于工业行业层面的环境规制水平的度量，由于 2003 年后才开始公布劳动力收入数据，为保证实证模型中各变量统计数据的时间段以及统计口径的一致，选择的样本集中于 2003 ~ 2012 年间，期间工业行业归并为 34 个类型，剔除了"其他采矿业"、"烟草制品业"、"木材及竹材采运业"、"工艺品及其他制造业"以及"废弃资源和废旧材料回收加工业"五个工业行业类型，并以 2003 年为基期。类似地，对于省际工业层面的环境规制水平度量而言，选择 1995 ~ 2012 年间中国 28 个省市区为研究样本，其中海南和西藏数据缺失，将重庆并入四川。环境规制度量模型中各变量数据来自《中国统计年鉴》、《中国环境统计年鉴》、《中国工业经济统计年鉴》各期，并以 1995 年为基期。

二、中国环境规制水平的度量分析

（一）中国工业环境规制水平的度量：基于工业行业层面

本部分以基于产出角度测度的环境规制力度为例，根据环境污染程度，将工业行业区分为高污染工业行业和低污染工业行业，不同行业类型的环境规制水平变动情况如图 3 – 1、图 3 – 2 所示。

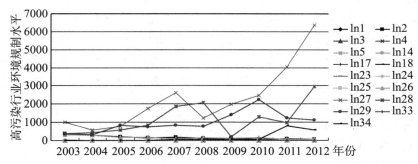

图 3 – 1　2003 ~ 2012 年高污染工业行业环境规制水平的变动

　　注：ln1 为煤炭开采和洗选业；ln2 为石油和天然气开采业；ln3 为黑色金属矿采选业；ln4 为有色金属矿采选业；ln5 为非金属矿采选业；ln14 为造纸及纸制品业；ln17 为石油加工、炼焦及核燃料加工业；ln18 为化学原料及化学制品制造业；ln23 为非金属矿物制品业；ln24 为黑色金属冶炼及压延加工业；ln25 为有色金属冶炼及压延加工业；ln26 为金属制品业；ln27 为通用设备制造业；ln28 为专用设备制造业；ln29 为交通运输设备制造业；ln33 为电力、热力、水的生产和供应业；ln34 为燃气生产和供应业。

　　由于电气机械及器材制造行业环境规制测度数据值与其他高污染工业行业环境规制数据存在较大差距，为直观显示高污染工业行业环境规制水平变动的整体情况，本部分在绘制图 3 – 1 时剔除了电气机械及器材制造行业的数据。2003 ~ 2012 年间，高污染工业行业环境规制整体水平呈现上升的趋势，且表现为明显的阶段性特征。由于经济增长对生态环境质量的影响取决于规模效应、结构效应以及技术效应三个方面的共同作用，因此，具体分时间段来看，2003 ~ 2005 年间大部分工业行业环境规制水平略有下降，这与"十五"期间粗放型的经济发展模式导致环境规制软化有关；2006 ~ 2007 年间，大部分工业行业环境规制水平稳中有升，原因在于面临"十五"期间存在的突出问题，"十一五"规划强化了地方政府绩效考核的力度，明确提出主要污染物排放总量减少 10%、能源强度降低 20% 的具体减排目标，并上升至法律效力的强制性约束层面，期间工业内部污染密集型行业投资相对减少，环境规制通过工业内部结构的调整明显促进生态环境质量的改善；2008 年，大部分工业行业环境规制水平略有下降，可能的原因在于金融危机的冲击，各地方政府以环境损失为代价向经济增长妥协，进而导致环境规制软化；2009 ~ 2012 年间，大部分工业行业环境规制水平明显增长，且增幅不断加大，这与中国在 2007 年党的十七大将"建设生态文明，基本形成节约能源资源和保护生态环境的产业结构、增长方式、消费方式"列入全面建设小康社会的奋斗目标有关，由此，各地方政府更注重产业结构调整，特别是对重工业产值占工业总产值比重的调整，加强对重工业等高耗能、高排放、高污染工业的环境准入和新增产能以及落后产能淘汰等方面的环境规制力度。

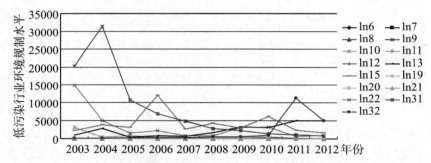

图 3 - 2　2003 ~ 2012 年低污染工业行业环境规制水平的变动

　　注：In6 为农副食品加工业；In7 为食品制造业；In8 为饮料制造业；In9 为纺织业；In10 为纺织服装、鞋、帽制造业；In11 为皮革、毛皮、羽毛（绒）及其制品业；In12 为木材加工及木、竹、藤、棕、草制品业；In13 为家具制造业；In15 为印刷业和记录媒介的复制；In19 为医药制造业；In20 为化学纤维制造业；In21 为橡胶制品业；In22 为塑料制品业；In31 为通信设备、计算机及其他电子设备制造业；In32 为仪器仪表及文化、办公用机械制造业。

　　由于文教体育用品行业环境规制测度数据值与其他低污染工业行业环境规制数据存在较大差距，为直观显示低污染工业行业环境规制水平变动的整体情况，本部分在绘制图 3 - 2 时剔除了文教体育用品制造业的数据。2003 ~ 2012 年间，低污染工业行业环境规制整体水平呈现下降的趋势，且具有明显的阶段性特征。分时间段来看，2003 ~ 2007 年间，大部分工业行业环境规制水平波动式下滑，且降幅较大，而 2008～2012 年间大部分工业行业环境规制水平基本保持稳定，部分行业略有下降。本部分将低污染工业行业环境规制水平变动情况与高污染工业相比较，前者主要存在两个方面的不同：一是 2006～2007年间前者环境规制水平整体略有下降，而后者稳步上升，这一差别的产生与环境规制约束下工业内部低污染行业产值比重的上升有关；二是 2009～2012 年间前者环境规制水平基本保持稳定，而后者显著增长，产生差异的原因在于 2008 年后各地方政府侧重于重工业能耗、排放以及污染活动的规制力度，而针对低污染行业的规制力度相对较小。

（二）中国工业环境规制水平的度量：基于省际工业层面

本部分主要考察不同收入水平地区的环境规制水平差异。以不同收入水平地区为例，本部分将省际工业区分为高收入地区、中等收入地区、低收入地区环境规制水平，不同收入水平地区的环境规制水平变动情况如图 3－3、图 3－4、图 3－5 所示。

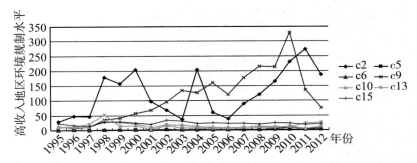

图 3－3　1995～2012 年高收入地区工业环境规制水平的变动

注：c2 为天津市；c5 为内蒙古自治区；c6 为辽宁省；c9 为上海市；c10 为江苏省；c13 为福建省；c15 为山东省。

由于北京（c1）、浙江（c11）以及广东（c19）地区的环境规制测度数据值与其他高收入地区工业环境规制数值相对较高，为直观显示高收入地区工业环境规制水平变动情况，本部分在绘制图 3－3 时剔除了北京、浙江以及广东地区的数据。根据图 3－3 所示，高收入水平地区环境规制水平相对较高，特别是北京、浙江、广东、上海以及天津等地区环境规制实施力度较强，环境规制水平大多在 50 以上波动，而其他地区变动幅度介于 0 ~ 50 之间。2001 年后环境规制水平呈现明显的阶段性特征，2001 ~ 2005 年间，大部分高收入地区环境规制水平表现为下降的趋势，可能的原因在于"十五"期间高收入地区工业行业以加工组装的低端生产制造业为主，以规模效应促进经济粗放式的发展，进而导致高收入地区环境规制软化；2006 ~ 2012年间，大部分高收入地区环境规制水平变动呈现波动式上升的趋势，这与中国自"十一五"规划将地方政府环境绩效考核体系纳入法律约束层面，并强化环境规制目标的实施力度密切相关。

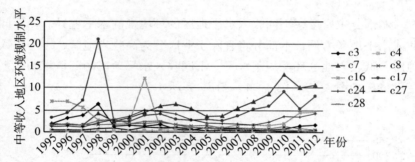

图 3 - 4　1995 ~ 2012 年中等收入地区工业环境规制水平的变动

注：c_3 为河北省；c_4 为山西省；c_7 为吉林省；c_8 为黑龙江省；c_{16} 为河南省；c_{17} 为湖北省；c_{24} 为陕西省；c_{27} 为宁夏回族自治区；c_{28} 为新疆维吾尔自治区。

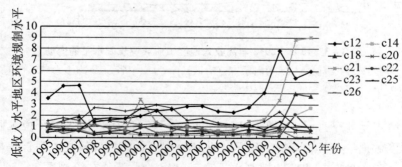

图 3 - 5　1995 ~ 2012 年低收入地区工业环境规制水平的变动

注：c_{12} 为安徽省；c_{14} 为江西省；c_{18} 为湖南省；c_{20} 为广西壮族自治区；c_{21} 为四川省；c_{22} 为贵州省；c_{23} 为云南省；c_{25} 为甘肃省；c_{26} 为青海省。

　　根据图3-4、图3-5所示，本部分将中等收入地区与低收入地区环境规制水平变动趋势进行比较，不同之处在于中等收入地区环境规制水平相对较高，大部分地区在0~10的数值之间、以5为均值上下浮动，而大部分低收入地区环境规制水平在0~4的数值之间、以2为均值上下浮动，产生这一现象的原因在于中等收入地区在环境规制标准制定和实施水平方面均高于低收入地区。而相同之处在于，1995~2008年间，大部分中低收入水平地区工业环境规制处于较低水平，基本保持稳定，在此期间，由于中低收入地区缺乏发展所需的人力资本、技术基础以及交通条件等优势资源，倾向于以环境规制逐底的策略吸引东部内资或外资的引进，对高能耗、高排放、高污染工业行业的环境准入条件相对较低；2008年金融危机后，大部分中低收入水平地区工业环境规制水平显著上升，产生这一变化的原因可能在于2008年后经济结构与产业转型升级的步伐加快，高收入地区向中低收入地区的产业转移力度也随之加大，由于中低收入地区生态环境较为脆弱，各地方政府为规避承接产业转移的环境风险而强化了环境规制力度，如在2010年颁布的《国务院关于中西部地区承接产业转移的指导意见》中提出了"加大污染防治和环境保护力度"的要求。

第三节　中国劳动生产率水平及其分解因素的度量

一、劳动生产率水平及其分解因素的度量方法与数据

（一）劳动生产率及其分解因素的度量方法

　　劳动生产率指单位时间内劳动力创造的产品和服务总和与其劳动消耗的比值，反映劳动力的生产效果或能力。从指标构造方法的角度

出发，劳动生产率测度指标包括实物型、价值型以及比较劳动生产率三种指标类型。具体来看，实物型劳动生产率为单位时间内劳动力人均创造的产品和服务总和，价值型劳动生产率为单位劳动成本投入对应的劳动创造的产品和服务总和，两者之间的区别主要在于研究对象测度单位的差异。当运用实物型劳动生产率和价值型劳动生产率进行测度时，可能会导致相反的结论，如张金昌（2002）以中国制造业为样本进行考察，发现运用实物型指标测度时，测度的中国劳动生产率低于美国、日本等国，但运用价值型指标测度时，中国劳动生产率却大于美国、日本等国，其结论相反的原因在于相对于美国、日本等发达国家，中国制造业生产属于劳动密集型，单位产值劳动力投入人数相对较多，而低成本劳动力使单位产值劳动力投入成本相对较小。第三种指标类型为比较劳动生产率，它指的是某一产业内劳动创造的价值占所有产业产值总和的比重与某一产业内劳动力人数占所有产业劳动力人数总和比重的比值，能直观反映某一产业劳动生产率相对于所有产业劳动生产率的变动情况，当运用这一指标进行测度时，若经济处于不同发展阶段，产业结构存在较大差异，如以农业为主的经济发展初级阶段，由于农业劳动力人数占总人数的比重远大于农业产值占总产值的比重，此阶段农业劳动生产率小于1，但进入工业经济时期后，农业劳动力投入比重、农业产值比重均呈现下降的趋势，两者之间的差距缩小，此阶段劳动生产率逐步接近1。由此可知，劳动生产率的测度值与劳动力成本、经济发展阶段以及产业结构等因素密切相关。此外，从指标测度内容的角度出发，劳动生产率指标可进一步细化为平均和边际劳动生产率两种指标类型，具体来看，平均劳动生产率指标是一段时期内劳动生产率的平均值，体现该时期劳动生产力生产效果或能力的综合水平，同时，边际劳动生产率是增加或减少一单位劳动力所导致的产值变动，产值降低意味着减少劳动力投入能提升劳动力资源配置效率，反之，产值增长意味着劳动力投入增加有利于提高劳动力资源配置效率。

　　较为常见的测度方法是直接将各国或各地区 GDP 与劳动力就业人数进行对比，而这种测度方法的弊端是不能体现资本、土地等其他要素对劳动生产率的贡献，还有一种测度方法是基于距离函数的方法，即在产出固定的条件下劳动力实际人数与最少人数距离的比值，或在劳动力人数固定的条件下 GDP 实际值与潜在值的比值，这种测度方法无法将劳动力、资本、土地等要素的贡献程度区分开来，因此运用数据包络法分析的结果并不是劳动生产率的净值。具体来看，关于劳动生产率因素分解的研究较少，根据因素分解方法的差异，研究可分为指数法与非参数法。指数法将劳动生产率的变动分解为纯生产率效应、包莫效应以及丹尼森效应三个方面（王玲，2003；高帆，2007），而非参数法主要运用数据包络分析法进行分解，如库玛和拉塞尔（Kumar & Russell，2002）运用数据包络分析法测算了劳动生产率变动及其分解指数。亨德森和拉塞尔（Henderson & Russell，2005）以此为基础对分解指标进行了细化。国内学者分别运用基于非参数方法的因素分解模型度量中国劳动生产率的变动情况，并考察各分解因素对中国劳动生产率变动的贡献程度（辛永容等，2008；杨文举、张亚云，2010；梁俊，2012）。

本部分选用第一种方法来测度劳动生产率的变动，并从柯布－道格拉斯生产函数出发，基于数据包络分析法对劳动生产率进行分解。

假设生产函数为柯布－道格拉斯生产函数形式，且规模报酬不变，如下：

$$Y = A \cdot L^{\alpha} \cdot K^{1-\alpha} \qquad (3.4)$$

式（3.4）中的 Y 为产出，A 为全要素生产率，L 为劳动力就业人数，K 为固定资本存量，本部分选择以劳动力人均产出测度劳动生产率，将式（3.4）移项得到：

$$y = \frac{Y}{L} = A \cdot k^{1-\alpha} \qquad (3.5)$$

式（3.5）中的等式两边取对数得到：

$$\ln y = \ln A + (1-\alpha) \cdot \ln k \qquad (3.6)$$

由式（3.6）可知，劳动生产率取决于全要素生产率和人均资本存量，对式（3.6）的等式两边同时求导，如下：

$$\frac{\Delta y}{y} = \frac{\Delta A}{A} + (1-\alpha) \cdot \frac{\Delta k}{k} \qquad (3.7)$$

式（3.7）反映劳动生产率的变动与全要素生产率的变动和人均资本存量变动有关，结合中国全要素生产率变动和人均资本存量的变动数据发现，相对于全要素生产率数据的变动幅度，人均资本存量数据的变动幅度较小，为此本部分将全要素生产率变动和人均资本存量变动对劳动生产率变动的贡献进行区分。以式（3.7）为基础，本部分进一步运用 DEA – Malmquist 指数测度全要素生产率变动情况，并对全要素生产率变动进行分解，式（3.7）可以进一步调整如下：

$$\frac{\Delta y}{y} = EFF \cdot TE + (1 - \alpha) \cdot \frac{\Delta k}{k} \qquad (3.8)$$

式（3.8）中的 EFF 为技术效率变化，TE 为技术进步。由此可知，劳动生产率的变动源自全要素生产率的变动与人均资本存量的变动，将全要素生产率分解以后，劳动生产率的变动来自技术效率变化、技术进步以及人均资本存量的变动，以比较技术效率变化、技术进步以及人均资本存量因素对劳动生产率的贡献程度，并作为随后环境规制对工业劳动生产率影响的实证研究的基础，其中，劳动生产率与人均资本存量的变动可以直接测度，而全要素生产率及其分解指数需要运用数据包络分析法（DEA）进行测度。

具体来看，本部分首先运用数据包络分析法来测度省际全要素生产率的变化情况，首先，借鉴菲尔等（Fare et al.，1994）构造期望产出的生产可能集，将每个省市区视为决策单位，构造出每一时期的最佳生产实践边界，并将每个省市区的生产点与最佳生产实践边界对比，然后运用 DEA – Malmquist 指数测度省际全要素生产率及其分解指数。具体来看，设定在每一时期：t = (1，…，T)，一个省市区使用两种投入：劳动投入 L 和资本投入 K，x = (K，L) ∈ R_N^+，生产出 M 种期望产出：y = (y_1，…，y_M) ∈ R_M^+，则生产可能集表示为：

$$P(x) = \{y: x \text{ can produce}(y)\} \qquad x \in R_N^+ \qquad (3.9)$$

上述生产可能集 P(x) 具有特点为，P(x) 闭集、有界，有限的投入对应有限的产出；投入 x 与期望产出 y 具有强可处置性。满足这些特点的生产可能集表达为：

$$P^t(x^t) = \begin{cases} (y^t): \sum_{k=1}^{K} \theta_k^t y_{km}^t \geqslant y_{km}^t, \forall\, m; \\ \sum_{k=1}^{K} \theta_k^t x_{kn}^t \leqslant x_{kn}^t, \forall\, n; \\ \theta_k^t \geqslant 0, \quad \forall\, k \end{cases} \qquad (3.10)$$

为考察环境规制对中国劳动生产率影响的差异，本部分首先测算 1995～2012 年间省际全要素生产率的变动情况。借鉴菲尔（1994）的方法，构建基于 DEA – Malmquist 指数的全要素生产率度量模型：

$$A_o^{t,t+1} = \left[\frac{\vec{D}_o^t(x^{t+1},\, y^{t+1})}{\vec{D}_o^t(x^t,\, y^t)} \times \frac{\vec{D}_o^{t+1}(x^{t+1},\, y^{t+1})}{\vec{D}_o^{t+1}(x^t,\, y^t)} \right]^{1/2} \qquad (3.11)$$

式（3.11）中，$A_o^{t,t+1}$ 为基于 DEA – Malmquist 指数的劳动生产率，代表时期 t+1 生产点（x^{t+1}，y^{t+1}）相对时期 t 生产点（x^t，y^t）的劳动生产率变动情况；$\vec{D}_o^t(x^t,\, y^t)$ 和 $\vec{D}_o^t(x^{t+1},\, y^{t+1})$ 分别为以时期 t 的技术水平为参照，时期 t 和时期 t+1 生产点的距离函数；$\vec{D}_o^{t+1}$（x^{t+1}，y^{t+1}）和 $\vec{D}_o^{t+1}(x^t,\, y^t)$ 分别为以时期 t+1 的技术水平为参照，时期 t+1 和时期 t 生产点的距离函数。

在规模报酬不变（CRS）的条件下，可进一步将 $A_o^{t,t+1}$ 指数分解为两种指数：技术进步指数和技术效率变化指数：

$$A^{t,t+1} = \frac{\vec{D}_o^{t+1}(x^{t+1},\, y^{t+1})}{\vec{D}_o^t(x^t,\, y^t)} \times \left[\frac{\vec{D}_o^t(x^{t+1},\, y^{t+1})}{\vec{D}_o^{t+1}(x^{t+1},\, y^{t+1})} \times \frac{\vec{D}_o^t(x^t,\, y^t)}{\vec{D}_o^{t+1}(x^t,\, y^t)} \right]^{1/2}$$

$$= EFF^{t,t+1} \times TE^{t,t+1} \qquad (3.12)$$

式（3.12）中，$A^{t,t+1}$ 含义同上；$EFF^{t,t+1}$ 代表技术效率变化指数，测度从 t 期到 t+1 期每个决策单元的实际生产与环境生产前沿面的追赶程度，若 $EFF^{t,t+1} > 1$，说明技术效率提升，反之则下降；$TE^{t,t+1}$ 代表技术进步指数，测度环境生产前沿面从 t 期到 t+1 期的变动情况，若 $TE^{t,t+1} > 1$，说明技术进步，反之则退步。为求解上述各指数，我们需要计算四个距离函数，涉及四个线性规划问题。其中，求解 $\vec{D}_o^t(x^t,\, y^t)$ 的线性规划模型为：

$$\vec{D}_o^t(x_{k'}^t,\, y_{k'}^t) = \max\beta \qquad (3.13)$$

$$\text{s. t.} \quad \sum_{k=1}^{K} z_k^t y_{km}^t \geqslant (1+\beta) y_{k'm}^t, \quad \forall\, m$$

$$\sum_{k=1}^{K} z_k^t x_{kn}^t \leqslant (1 - \beta) x_{k'n}^t, \quad \forall n$$

$$z_k^t \geqslant 0, \quad \forall k \tag{3.14}$$

由于 $\vec{D}_o^{t+1}(x^{t+1}, y^{t+1})$ 和 $\vec{D}_o^t(x_{k'}^t, y_{k'}^t)$ 为同期方向性距离函数，将上述线性规划（3.13）和（3.14）中的 t 转换成 t + 1 即可。求解 $\vec{D}_c^t(x^{t+1}, y^{t+1})$ 为跨期方向性距离函数，其线性规划模型为：

$$\vec{D}_c^t(x_{k'}^{t+1}, y_{k'}^{t+1}) = \max\beta \tag{3.15}$$

$$\text{s. t.} \quad \sum_{k=1}^{K} z_k^t y_{km} \geqslant (1 + \beta) y_{k'm}^{t+1}, \quad \forall m$$

$$\sum_{k=1}^{K} z_k^t x_{kn} \leqslant (1 - \beta) x_{k'n}^{t+1}, \quad \forall n$$

$$z_k^t \geqslant 0, \quad \forall k \tag{3.16}$$

另外一个跨期方向性距离函数 $\vec{D}_c^{t+1}(x^t, y^t)$ 的线性规划求解模型可以通过将上述线性规划（3.15）和（3.16）中的 t 和 t + 1 互换即可。

（二）变量与数据说明

1. 变量说明。

本部分以各省市区工业为样本，测算省际工业全要素生产率。其中，投入变量为工业固定资本存量、工业劳动力，产出变量为工业产值。（1）工业固定资本存量。本部分选用工业固定资产净值表示，即扣除了累积折旧的固定资产原价，并对名义资本存量的调整采用固定资产投资价格指数调整。（2）工业劳动力。以各省市区工业全部从业人员年平均人数表示。（3）工业产值。将各省市区工业产值的名义值按工业品出厂价格指数以 2001 年不变价格进行换算。

2. 数据来源。

本部分基于 DEA – Malmquist 指数法，运用 MaxDEA 5.2 Version 软件测算全要素生产率指数 A 以及由此分解出的技术进步指数 TE 和技术效率变化指数 EFF。由于基于数据的可得性与统计口径的一致性，本部分选择的样本包括 28 个省、市、自治区（海南和西藏数据缺失，重庆并入四川），样本区间为 2001 ~ 2012 年。测算数据来自

《中国统计年鉴》《中国工业经济统计年鉴》《中国人口和就业统计年鉴》以及《中国区域经济统计年鉴》各期，并以 2001 年为基期。

二、中国区域劳动生产率水平及其分解因素的度量分析

（一）中国省际工业劳动生产率及人均资本存量的动态变化

本部分分别对省际工业劳动生产率与人均资本存量进行了测度。其中，结合图 3－6，以劳动力人均工业产值对工业劳动生产率的测度结果表明，不同收入水平地区工业劳动生产率变动趋势基本一致，具体来看，2001～2004 年间，工业劳动生产率的变动呈现平稳的变化态势，波幅较小，原因可能在于期间农业剩余劳动力向工业转移，为粗放式经济增长提供了富余、廉价的劳动力，劳动力人均工业产值变动较小；2005～2012 年间，大部分地区工业劳动生产率呈现稳步上升的趋势，且增速较快，可能的原因是自 2005 年后，中国农村剩余劳动力持续下降，以农民工为主的劳动力工资水平上升，工业企业

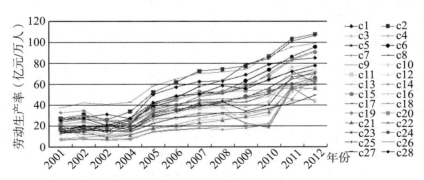

图 3－6　中国省际工业劳动生产率的动态变化

注：c_1 为北京市；c_2 为天津市；c_3 为河北省；c_4 为山西省；c_5 为内蒙古自治区；c_6 为辽宁省；c_7 为吉林省；c_8 为黑龙江省；c_9 为上海市；c_{10} 为江苏省；c_{11} 为浙江省；c_{12} 为安徽省；c_{13} 为福建省；c_{14} 为江西省；c_{15} 为山东省；c_{16} 为河南省；c_{17} 为湖北省；c_{18} 为湖南省；c_{19} 为广东省；c_{20} 为广西壮族自治区；c_{21} 为四川省；c_{22} 为贵州省；c_{23} 为云南省；c_{24} 为陕西省；c_{25} 为甘肃省；c_{26} 为青海省；c_{27} 为宁夏回族自治区；c_{28} 为新疆维吾尔自治区。

新增劳动力就业人数减少，同时，工业结构出现再次重工业化，人均资本深化，工业产值仍然保持稳定增长，从而劳动力人均工业产值增长加快，其中，少量地区工业劳动生产率在 2008～2009 年间出现小幅下调，如北京、上海、江苏、江西、山西等地，可能受到 2008 年金融危机的冲击，出口规模短期锐减，而劳动力就业人数调整滞后，进而使劳动力人均工业增加值在 2008～2009 年间出现短期回调。

结合图 3-7，本部分进一步对劳动力人均资本存量的动态变化进行分析。以劳动力人均工业固定资产净值测度人均资本存量的结果表明，不同收入水平地区人均资本存量变动趋势基本一致，具体来看，除 2003 年部分地区劳动力人均资本存量出现小幅下调，劳动力人均资本存量整体呈现稳步上升的趋势，这一现象说明 2001～2012 年间大部分地区经历了资本深化，并对工业劳动生产率的提升存在持续的促进作用，即对工业劳动生产率的贡献为正，且分省区来看，各省工业均经历了资本深化的过程。自中国 2001 年加入 WTO 以来，伴随中国经济高速增长的是 FDI 规模的迅速扩大，且 FDI 集中流向中国工业，同时，中国工业 2004 年后出现再次重工业化以及农村剩余劳动力持续下降的现象，这些因素共同促成了劳动力人均资本存量的上升，推动中国工业规模化发展，进而在一定程度上提升了劳动生产率。然而，对于转型期的中国，资本深化程度并非越高越好，根据资本报酬递减规律，随着工业生产中资本投入的增长，资本深化对工业劳动生产率的促进作用可能会逐步减弱，即在技术进步和技术效率变化不显著的条件下，资本深化会使资本对工业经济增长的支撑力度弱化，进而降低劳动力人均资本对工业经济增长以及工业劳动生产率的促进作用，类似地，相对于中低收入地区而言，高收入地区劳动力人均资本存量较高，因此高收入地区资本深化对工业劳动生产率的正面效应可能大于中西部地区。关于资本深化对工业劳动生产率促进作用的变化规律，需要进一步结合劳动力人均资本存量与工业劳动生产率的相关性进行分析。

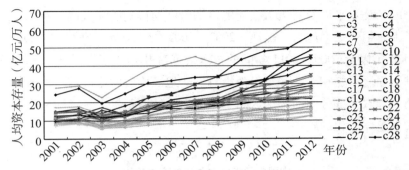

图 3 - 7　中国省际工业劳动力人均资本存量的动态变化

注：c1～c28 的含义同图 3－6。

（二）中国省际工业全要素生产率及其分解因素的动态变化

本部分运用 DEA－Malmquist 指数及其指数分解方法与中国省际工业相关数据，对 2001～2012 年中国省际工业全要素生产率变化及其分解因素进行度量，如表 3－1 和图 3－8 所示。表 3－1 结论显示，2001～2012 年间，除 2002～2004 年、2008～2009 年劳动生产率指数小于 1 以外，大部分年份的全要素生产率指数值和全要素生产率指数年均值均大于 1，表明中国省际工业全要素生产率在样本期间得到了明显提高，进一步结合全要素生产率指数、技术效率变化指数、技术进步指数的样本均值来看，其均值分别为 1.084、1.016、1.074，可知技术效率变化和技术进步在总体上推动了中国省际工业全要素生产率进而中国省际工业劳动生产率的提升。具体来看：

第一，技术进步指数的均值大于技术效率变化指数的均值，表明技术进步对工业全要素生产率变动以及工业劳动生产率变动的贡献较大，特别是 2004～2006 年间，技术进步指数值均在 1.2 以上，这一现象说明工业领域的技术创新活动，有效推动了工业生产率的提升以及工业经济的整体发展；

第二，技术效率变化对工业全要素生产率变动以及工业劳动生产率变动也存在明显的促进作用，说明随着入世后国际资本流动与对外贸易规模的持续扩大，劳动力市场低成本竞争日益激烈，工业企业自身的管理水平以及对员工技能的培训力度均得到明显提高，有力促进了工业生产效率改善，然而，2002~2003 年、2005~2006 年、2007~2008 年以及 2009~2011 年间的技术效率变化抑制了劳动生产率的改进，原因可能在于一些年份由沿海发达地区构成的生产前沿面向外移动，导致大部分中西部地区与生产前沿面的差距扩大，进而呈现技术效率整体恶化的趋势。

表 3 – 1 　　　　　中国省际工业全要素生产率年均
变化率及其分解因素结论

年份	A	EFF	TE
2001~2002	1.104	1.025	1.081
2002~2003	0.987	0.979	1.013
2003~2004	0.948	1.031	0.926
2004~2005	1.441	1.148	1.258
2005~2006	1.099	0.881	1.248
2006~2007	1.076	1.072	1.008
2007~2008	1.039	0.963	1.079
2008~2009	0.979	1.065	0.921
2009~2010	1.076	0.961	1.120
2010~2011	1.163	0.930	1.253
2011~2012	1.012	1.127	0.902
平均值	1.084	1.016	1.074

注：A、EFF、TE 分别代表省际工业全要素生产率变动、技术效率变化以及技术进步。

（三）中国省际工业全要素生产率及其分解因素的区域差异

考察图 3 – 8 中各指数曲线的波动情况，可以发现在 2001~2012 年间，中国省际工业全要素生产率明显提高，存在较大的区域异质性，且技术效率变化、技术进步对省际工业全要素生产率以及工业劳动生产率的积极效应存在较大差别。具体来看：

第一，中国工业全要素生产率指数省际均值均大于1，表明工业全要素生产率持续增长，进一步分省市区来看，大部分东部发达地区工业全要素生产率增长速度较慢，如上海、江苏、浙江、北京等省市区工业全要素生产率指数均介于1~1.10之间，而大多数中西部地区工业全要素生产率增长速度较快，如内蒙古、青海、新疆、江西等省市区工业全要素生产率指数均介于1.10~1.25之间，这一现象表明省际工业全要素生产率总体上呈现收敛的变化趋势。

第二，除北京、河北、上海、江苏、浙江、山东、云南外，其余各省市区技术效率变化均对工业全要素生产率以及工业劳动生产率存在明显的促进作用，这表明中国入世后随着国际资本流动与对外贸易规模的持续扩大，工业行业通过人员流动、示范与模仿、竞争机制、中间产品的"逆向工程"以及跨国企业的技术援助等渠道的技术溢出显著改善了技术效率，特别是中西部地区相对于东部地区在土地资源、劳动力成本等方面具有相对优势，而投融资环境处于劣势，中西部地区能较好地凭借技术效率变化促进工业全要素生产率以及工业劳动生产率的提升。

第三，各省市区技术进步指数均值均大于1，比较技术进步指数曲线与技术效率变化指数曲线变动趋势，发现各省市区技术进步指数值均大于技术效率变化指数值，且技术指数曲线波动幅度相对较小，这说明各省市区技术进步均是促进工业全要素生产率以及工业劳动生产率改进的主要推动力，并且技术进步推动力的省际差异较小。

上述分析过程表明，2001~2012年间中国省际工业全要素生产率得到了明显提升，其提升的主要推动力来自技术进步的正面效应，同时，省际工业全要素生产率变动的差距表现出不断收敛的变化趋势，该差距不断缩小的原因可能在于东部地区与中西部地区技术效率变化对工业全要素生产率以及工业劳动生产率积极效应的收敛。

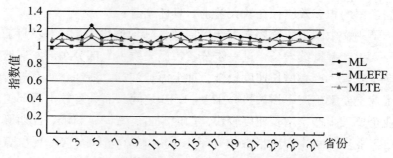

图3-8 中国省际工业全要素生产率年均变化率及其

分解因素结论（2001~2012年）

注：A、EFF、TE分别代表省际工业全要素生产率变动、技术效率变化以及技术进步；横轴上的1~28分别代表北京、天津、河北、山西、内蒙古、辽宁、吉林、黑龙江、上海、江苏、浙江、安徽、福建、江西、山东、河南、湖北、湖南、广东、广西、四川、贵州、云南、陕西、甘肃、青海、宁夏、新疆。

第四章

环境规制对工业劳动力
就业影响的实证研究

第一节　理论与实证模型构建

一、环境规制对劳动力就业规模影响的内在机制

（一）基本假设

1. 假设一国或地区工业有 I 个省市区，每个省市区设定为 i，且 i∈I，Y_{it} 代表 t 时刻省市区 i 的产出，借鉴斯托基（1998）在 AK 模型中引入环境污染强度的处理方法，将环境污染强度作为环境要素引入生产函数，则 Y_{it} 的生产函数中投入要素包括劳动 L_{it}、资本 K_{it}、技术 A_{it}、环境 EP_{it}。

2. 假设国外资本通过"FDI 资本投入"、"FDI 示范与模仿"、"人员流动"、"FDI 竞争"等渠道影响东道国产出，国外资本 K_{it}^f 与国内资本 K_{it}^h 共同构成总资本 K_{it}。

3. 假设环境规制力度越强，所投入的环境治理成本占生产成本的比重越高，单位产出的污染排放量越少。自 1995 年以来，随着中国环境规制力度的不断强化，单位产出的三废排放量呈现不断减少的趋势，这一假设与本部分所取样本的实际相符合。

4. 假设企业具有同质性，不存在规模经济，则代表性企业的具体函数设为柯布－道格拉斯函数形式：

$$f(L_{it}, K_{it}^h, K_{it}^f, EP_{it}) = (L_{it})^\alpha (K_{it}^h)^\beta (K_{it}^f)^\gamma (EP_{it})^\theta \qquad (4.1)$$

上式中，对环境污染强度进行标准化处理使 $EP_{it} \in [0, 1]$，以反映生产活动对环境的污染程度。其中，参数 α、β 的取值满足：$0 < \alpha < 1$，$0 < \beta < 1$，参数 γ、θ 取值有可能大于0，也有可能小于0，原因在于：第一，FDI 既可能通过"FDI 资本投入"直接促进东道国国内产出规模的扩大，或通过"FDI 示范与模仿"和"人员流动"等渠道的技术溢出促进东道国生产率提升以间接促进国内产出的增长，也可能通过"FDI 竞争"渠道挤出国内资本投入进而对国内产出产生负面影响；第二，在不考虑环境因素的情况下，$EP = 1$，表明实际产出与潜在产出相等，而在考虑环境因素的情况下，$EP < 1$，其中，当环境成本占生产成本的比重较小，企业可能选择生产末端的污染治理方式，治污投入挤占生产成本投入，此时 $\theta > 0$，但随着环境成本占生产成本的比重达到一定程度，环境高成本会倒逼企业致力于生产过程清洁技术的研发与应用，能在减污的同时促进实际产出的增长，此时 $\theta < 0$，由此可知，θ 取值会随环境成本比重的变化而动态变化。

5. 假设 p_{it} 代表 i 地区第 t 期代表性企业产出品价格，类似地，w_{it}、r_{it}^h、r_{it}^f 分别代表劳动力工资、国内资本利息以及国外资本 FDI 利息。

（二）利润最大化决策

依据上述假设，东道国代表性企业的生产函数为：

$$Y_{it} = A_{it} f(L_{it}, K_{it}^h, K_{it}^f, EP_{it}) = A_{it} (L_{it})^\alpha (K_{it}^h)^\beta (K_{it}^f)^\gamma (EP_{it})^\theta$$

$$(4.2)$$

其利润函数为：

$$\pi_{it} = p_{it} A_{it} f(L_{it}, K_{it}^h, K_{it}^f, EP_{it}) - w_{it} L_{it} - r_{it}^h K_{it}^h - r_{it}^f K_{it}^f - \theta_{it} EP_{it}$$

$$(4.3)$$

则代表性企业利润最大化需要满足的条件如下：

$$\frac{\partial \pi_{it}}{\partial L_{it}} = 0 \quad 即 \quad p_{it} A_{it} \frac{\partial f(L_{it}, K_{it}^h, K_{it}^f, EP_{it})}{\partial L_{it}} = w_{it} \qquad (4.4)$$

对方程（4.4）等式两边求关于 L_{it} 的偏微分如下：

$$\frac{\partial f(L_{it}, K_{it}^{h}, K_{it}^{f}, EP_{it})}{\partial L_{it}} = \alpha(L_{it})^{\alpha-1}(K_{it}^{h})^{\beta}(K_{it}^{f})^{\gamma}(EP_{it})^{\theta} \quad (4.5)$$

将方程（4.5）的结果代入方程（4.4）得到：

$$L_{it} = \left(\frac{\alpha p_{it} A_{it}}{w_{it}}\right)^{\frac{1}{1-\alpha}}(K_{it}^{h})^{\frac{\beta}{1-\alpha}}(K_{it}^{f})^{\frac{\gamma}{1-\alpha}}(EP_{it})^{\frac{\theta}{1-\alpha}} \quad (4.6)$$

进一步对方程（4.6）的等式两边取对数：

$$\ln L_{it} = \frac{1}{1-\alpha}\ln\alpha + \frac{1}{1-\alpha}\ln p_{it} + \frac{1}{1-\alpha}\ln A_{it} + \frac{\beta}{1-\alpha}\ln K_{it}^{h} + \frac{\gamma}{1-\alpha}\ln K_{it}^{f}$$

$$+ \frac{\theta}{1-\alpha}\ln EP_{it} - \frac{1}{1-\alpha}\ln w_{it} \quad (4.7)$$

从方程（4.7）推知，可能影响东道国国内就业的因素包括物价、技术、国内资本、国外资本、环境污染强度以及工资等，其中，物价、技术、国内资本因素的系数为正，工资因素的系数为负，表明前者有利于促进国内就业增长，后者对国内就业存在负面影响，而国外资本、环境污染强度的系数取值与参数 γ、θ 的取值有关，由于环境规制为环境污染强度的倒数，本部分用环境规制 ER 替代环境污染强度 EP。关于各因素影响方向的判断是在满足新古典经济学个人理性、市场均衡、完全竞争等一系列核心假设的条件下得到的，然而，上述假设条件并不符合中国经济的现实背景，为此，本部分运用中国省级动态面板数据对各影响因素的就业效应进行验证。

进一步从环境规制对异质性劳动力就业的影响机制来看，参考摩根斯特纳等（2002）的思路，环境规制对异质性劳动力就业的影响包括"成本效应"和"要素替代效应"：

其一，"成本效应"。环境库兹涅茨曲线展示了劳动力收入与环境质量之间倒 U 型变化关系，即当劳动力收入较低时，相应环境规制力度较弱，受规制企业直接将环境规制成本转嫁至生产成本，进而通过压缩生产规模导致就业规模的减少，当劳动力收入较高时，相应环境规制力度较强，环境规制高成本将倒逼受规制企业实施环境技术的研发创新活动，而环境技术的改进有利于就业机会的增长。

其二，"要素替代效应"。受规制企业无论是选择生产末端的清洁化操作，还是实施生产过程的清洁改进，均需要增加与清洁治理活动相匹配的技术型劳动力投入，包括环境的监督治理、污染处理设备或者高能效设备的操作等，这些清洁治理活动有利于技术型劳动力就业增长，而劳动力的技术含量与劳动力受教育程度密切相关。

二、环境规制对就业技能结构影响的内在机制

从影响机制来看，环境规制对就业技能结构的影响包括直接和间接渠道，其中，环境规制不仅会通过成本效应和要素替代效应直接影响就业技能结构，还会通过出口主导型 FDI、市场主导型 FDI 以及产业内垂直专业化分工渠道间接影响就业技能结构。本部分将对环境规制的直接和间接渠道逐一展开分析，以期系统刻画环境规制对就业技能结构的影响机制。

（一）环境规制对就业技能结构的直接影响

借鉴摩根斯特纳等（2002）的思路，环境规制对就业技能结构的直接影响既有积极的"要素替代效应"，又有影响不确定的"成本效应"。具体来看，所谓"要素替代效应"是指无论企业选择实施生产末端的环境治理活动，还是生产过程的清洁改进活动，均会增加与清洁操作相匹配的技术型劳动力的投入，比如，清洁操作可能涉及更多的末端污染处理设备和高能效生产设备的操作，或者投入更多的环境监督和维修活动，这些情况都将导致技术型劳动力相对需求的增长，有利于就业技能结构的改善；所谓"成本效应"对就业技能结构的影响与环境规制力度有关：当环境规制力度较弱时，企业将环境规制成本直接转嫁至生产成本，从而影响企业利润及研发资本积累，形成对技术型劳动力相对需求的减少，而当环境规制不断提高并达到某一门槛水平时，环境规制高成本会倒逼企业实施环境技术创新的研发活动，进而导致与研发活动相匹配的技术型劳动力相对需求的增长。如图 4-1 所示。

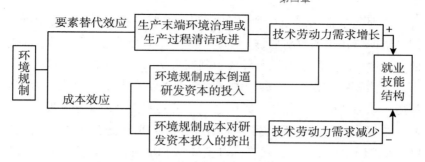

图 4 - 1　环境规制对就业技能结构的直接效应

根据上述直接影响机制的分析，得到假设1：

假设1：环境规制对就业技能结构的直接影响不确定，与经济发展阶段、环境规制力度有关，当环境规制力度较弱时，环境规制成本可能挤出研发投入，进而对就业技能结构产生负面效应，而当环境规制力度较强时，环境规制成本可能倒逼企业研发资本投入，从而促进就业技能结构的升级。

（二）环境规制对就业技能结构的间接影响

环境规制主要通过出口主导型 FDI、市场主导型 FDI 以及产业内垂直专业化分工等渠道对就业技能结构产生间接影响，如图 4 - 2 所示。

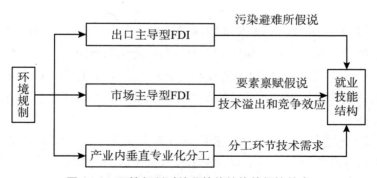

图 4 - 2　环境规制对就业技能结构的间接效应

1. 环境规制通过改变所吸引的 FDI 类型，进而影响就业技能结构。根据"污染避难所假说"，为规避母国环境规制的高成本，跨国公司将生产的中间环节迁至环境规制较宽松的发展中国家，同时，结合"要素禀赋假说"，发展中国家为劳动力要素丰裕的国家，为充分利用劳动力低成本的优势，跨国公司将劳动密集型产业迁入发展中国家。本部分按 FDI 的投资目的来划分，将 FDI 类型分为出口主导型 FDI 和市场主导型 FDI：对于出口主导型 FDI 而言，跨国企业迁入生产的中间环节以规避母国环境规制高成本为目的，发展中国家环境规制成本的内化将提高污染密集型产业的生产成本，出口主导型 FDI 流入量随之减少，进而降低出口主导型 FDI 的就业技能结构效应；对于市场主导型 FDI 而言，跨国企业以占领发展中国家市场以实现规模化生产为目的，环境规制成本的内化促使跨国企业选择以高能效的劳动密集型产业替代低能效的劳动密集型产业，高能效的 FDI 产业内含的技术水平较高，能通过 FDI 技术溢出效应和竞争效应提升劳动力的技术水平，进而提升就业技能结构。正如实证研究显示，FDI 带来的技术溢出和竞争对发展中国家最终产品部门、中间产品部门以及研发部门的就业技能结构的影响机制和影响结果存在差别（殷德生等，2011；王鹏、陆浩然，2013）。因此，本部分分别以市场主导型 FDI 和出口主导型 FDI 为中介变量，并区分行业类型进行深入考察。

根据上述以 FDI 为中介变量的间接影响机制分析，得到假设 2 和假设 3：

假设 2：发展中国家环境规制将压缩一国出口主导型 FDI 引资规模，进而弱化对出口主导型 FDI 的就业技能结构效应。

假设 3：发展中国家环境规制将通过强化市场主导型 FDI 的技术溢出效应和竞争效应，提升劳动力技术水平，从而促进就业技能结构的提高。

2. 环境规制通过改变产业内垂直专业化分工，进而影响就业技能结构。环境规制通过影响一国参与全球价值链的模式，改变一国在全球价值链分工中所处的地位，从而导致分工环节对不同行业技术型劳动力的相对需求及就业技能结构的变化。具体来看，发展中国家环境规制力度的提高，能在一定程度上抑制高污染、高能耗和低附加值的生产环节向国内转移（殷宝庆，2012），进而改变全球价值链的参与模式。

假设4：发展中国家环境规制通过改变一国全球价值链参与模式，即抑制高污染、高能耗和低附加值的生产环节转移，进而强化全球价值链分工对就业技能结构的正面效应。

三、基于内在机制的计量模型构建与说明

（一）环境规制对就业规模影响的计量模型构建与说明

1. 环境规制对就业规模影响的计量模型构建。基于方程（4.7），考虑到 θ 值可能存在的动态变化，本部分构建计量模型如下：

$$\ln L_{it} = \lambda_0 + \lambda_1 \ln p_{it} + \lambda_2 \ln A_{it} + \lambda_3 \ln K_{it}^h + \lambda_4 \ln K_{it}^f + \lambda_5 \ln ER_{it} + \lambda_6 (\ln ER_{it})^2$$
$$+ \lambda_7 \ln w_{it} + \delta_i + \varepsilon_{it} \tag{4.8}$$

方程（4.8）中，参数 δ_i 反映各省市区差异的非观测效应，参数 ε_{it} 为随机扰动项。由于存在就业刚性现象，当期就业规模可能会受到上一期就业规模的影响，因此，在方程（4.8）中引入被解释变量的滞后一期，将静态面板模型扩展为动态面板模型如下：

$$\ln L_{it} = \lambda_0 + \lambda_1 \ln L_{i,t-1} + \lambda_2 \ln p_{it} + \lambda_3 \ln A_{it} + \lambda_4 \ln K_{it}^h + \lambda_5 \ln K_{it}^f + \lambda_6 \ln ER_{it}$$
$$+ \lambda_7 (\ln ER_{it})^2 + \lambda_8 \ln w_{it} + \delta_i + \varepsilon_{it} \tag{4.9}$$

为进一步考察劳动力收入水平、受教育程度异质性对环境规制就业效应影响的差异，本部分进一步根据劳动力收入水平、受教育程度的特征进行了分组检验。由于方程（4.9）中引入了被解释变量滞后一期而导致严重的内生性问题，运用固定效应方法的参数估计是非一致的。因此，本部分分别运用差分广义矩（diff – GMM）方法和系统广义矩（sys – GMM）方法，对动态面板数据进行估计，通过选用适当的工具变量实现有效的参数估计，并结合 Sargan 检验判断工具变量选择的合理性。

2. 环境规制对就业规模影响的说明。本部分测度的变量包括劳

动力就业、物价、国内资本、国外资本、环境规制、工资以及技术进步。具体来看：

（1）劳动力就业水平。运用各省市区年末工业总就业人数来表示。

（2）物价水平。运用各省市区居民消费物价指数（CPI）来表示。

（3）国内资本。本部分选用工业固定资产净值表示，该资产净值为固定资产原价扣除累积折旧部分，并运用固定资产投资价格指数对名义资本存量进行调整。

（4）国外资本。运用各省市区实际外商直接投资额表示。

（5）环境规制。运用各省市区单位产出的废水、废气以及固体废弃物的污染排放水平的倒数表示，具体度量方法见第三章第二节。

（6）工资水平。由于存在"货币幻觉"现象，本部分运用各省市区城镇职工的名义平均工资表示。

（7）技术进步。运用各省市区环境全要素生产率进行衡量，并选用基于数据包络分析法（DEA）的非径向非角度的 SBM 指数测度环境全要素生产率，模型的投入变量包括国内资本、劳动力和能源消费量，产出变量包括国内产出和三废污染物排放量，其中，国内产出为实际国内产出值，能源消费量是将煤炭、焦炭、原油、燃料油、汽油、煤油、柴油、天然气以及电力等一次性能源统一折算成单位标准煤进行测度，其余变量的测度与上述方法相同。

由于 1995 年后才开始公布分类型能源消费条目，且海南、西藏地区数据缺失，基于数据的可得性与统计口径的一致性，本部分将重庆并入四川，并选择以 1995～2012 年间中国 28 个省市区为研究样本。各变量数据来自《中国统计年鉴》《中国劳动统计年鉴》《中国人口和就业统计年鉴》《中国环境统计年鉴》《中国能源统计年鉴》各期。以 1995 年为基期，国内资本存量和国外资本存量均按固定资产投资价格指数换算成不变价，工资水平按消费物价指数转换成不变价，国内产出按 GDP 平减指数进行换算成不变价。

（二）环境规制对就业技能结构影响的计量模型构建与说明

1. 环境规制对就业技能结构影响的计量模型构建。本部分借鉴贝曼等（1994）的思路，在资本要素价格不变、规模报酬不变、成本函数为超越对数形式等一系列假设下，半固定成本函数的成本最小化满足如下条件：

$$\ln C = \alpha + \sum_{i=1}^{2} \beta_i \ln w_i + \frac{1}{2} \sum_{i=1}^{2} \sum_{j=1}^{2} \gamma_{ij} \ln w_i \ln w_j + \sum_{n=1}^{N} \lambda_n \ln x_n$$

$$+ \frac{1}{2} \sum_{n=1}^{N} \sum_{m=1}^{N} \mu_{nm} \ln x_n \ln x_m + \sum_{i=1}^{2} \sum_{n=1}^{N} \theta_{in} \ln w_i \ln x_n \qquad (4.10)$$

式（4.10）中，C 为成本，w_i、w_j 为两种不同技能水平的劳动力工资，i = 1、j = 1 均为技术型劳动力，而 i = 2、j = 2 均为非技术型劳动力，x_m、x_n 为各资本要素投入、产出、环境规制等与成本相关的其余 n 个变量。假设 $w_2 = 1$ 以简化式（4.10），并求式（4.10）两边求关于 $\ln w_1$ 的偏导数，如下：

$$\frac{\partial \ln C}{\partial \ln w_1} = \alpha + \sum_{n=1}^{N} \theta_n \ln x_n \qquad (4.11)$$

结合 Shephard 引理，对成本函数求关于要素价格的偏导为该要素的希克斯需求函数，则 $\frac{\partial C}{\partial w_1} = LD_1$，其中 LD_1 为技术型劳动力需求函数，代入

$$\frac{\partial \ln C}{\partial \ln w_1} = \frac{\partial C}{\partial w_1} \cdot \frac{w_1}{C} = LD_1 \cdot \frac{w_1}{C} = HS_c \qquad (4.12)$$

式（4.12）中，HS_c 为技术型劳动力成本占生产成本的比重。将式（4.12）的结果代入式（4.11）得到：

$$HS_c = \alpha + \sum_{n=1}^{N} \theta_n \ln x_n \qquad (4.13)$$

借鉴思崔斯卡恩（Strauss－Kahn，2003）从劳动力成本函数中分离出工资的处理方法，将式（4.13）转化为技术型劳动力的就业技能结构函数如下：

$$HS = \alpha + \sum_{n=1}^{N} \theta_n \ln x_n + \gamma \left(\frac{w_1}{w_2} \right) \qquad (4.14)$$

式（4.14）中，HS 为技术型劳动力就业占劳动力就业总量的比重。由于行业内劳动力流动会使不同技能劳动力收入差距趋向稳定，

因此，反映不同技能劳动力收入分配变化项（w_1/w_2）的就业技能结构效应可由常数项捕获。

为考察环境规制对中国劳动力就业技能结构的影响，在上文构造就业技能结构数理模型（4.14）的基础上，本部分借鉴芬斯特拉和汉森（1999）提出的外包理论引入影响就业技能结构的影响因素。考虑到环境规制的动态效应，当环境规制约束较为宽松时，企业环境成本投入可能挤占研发投入而降低技术型劳动力就业，然而，随环境规制力度的强化，严格的环境规制能刺激企业进行研发创新以抵消环境高成本，结合这一动态特征引入环境规制的二次项，以考察环境规制是否通过研发投入影响了中国就业技能结构。为此，分别构建静态面板模型如下：

$$\ln HS_{it} = \alpha + \theta_1 \ln ER_{it} + \theta_2 (\ln ER_{it})^2 + \theta_3 \ln KS_{it} + \theta_4 \ln R\&D_{it} + \theta_5 \ln GM_{it}$$
$$+ \theta_6 \ln EFDI_{it} + \theta_7 \ln MFDI_{it} + \theta_8 \ln VSS_{it} + \delta_i + \varepsilon_{it} \qquad (4.15)$$

式（4.15）中，i 表示工业行业，t 表示年份，HS 为技术型劳动力就业比重，ER 为环境规制，KS 为资本—产出比，R&D 为研发支出，GM 为行业生产规模，EFDI 为出口主导型外资，MFDI 为市场主导型外资，VSS 为产业内垂直专业化分工程度，参数 δ_i 为各工业行业差异的非观测效应，参数 ε_{it} 为随机误差项。

考虑到行业内就业技能结构刚性的现象，在模型（4.15）中引入就业技能结构变量的滞后一期，构建动态面板模型如下：

$$\ln HS_{it} = \alpha + \theta_1 \ln HS_{i,t-1} + \theta_2 \ln ER_{it} + \theta_3 (\ln ER_{it})^2 + \theta_4 \ln KS_{it} + \theta_5 \ln R\&D_{it}$$
$$+ \theta_6 \ln GM_{it} + \theta_7 \ln EFDI_{it} + \theta_8 \ln MFDI_{it} + \theta_9 \ln VSS_{it} + \delta_i + \varepsilon_{it}$$

$$(4.16)$$

当模型（4.16）中纳入被解释变量滞后一期，会出现严重的内生性问题，为消除内生性问题导致的参数估计非一致性，运用 sys – GMM 方法能有效控制模型的内生性问题。在工业行业进行整体考察的基础上，进一步将样本按劳动—资本的比率划分为劳动密集型与资本密集型行业进行分组检验，以检验环境规制对不同资本密集型行业劳动力就业技能结构影响的差异。

在上述模型（4.15）和模型（4.16）考察环境规制对就业技能

结构的直接影响基础上，进一步考察环境规制通过出口主导型 FDI、市场主导型 FDI 以及产业内垂直专业化分工的变化对就业技能结构的间接效应，并在模型（4.15）和模型（4.16）中引入出口主导型 FDI、市场主导型 FDI、产业内垂直专业化分工程度与环境规制的交互项如下：

$$\ln HS_{it} = \alpha + \theta_1 \ln ER_{it} + \theta_2 (\ln ER_{it})^2 + \theta_3 \ln KS_{it} + \theta_4 \ln R\&D_{it} + \theta_5 \ln GM_{it}$$
$$+ \theta_6 \ln EFDI_{it} \cdot \ln ER_{it} + \theta_7 \ln MFDI_{it} \cdot \ln ER_{it}$$
$$+ \theta_8 \ln VSS_{it} \cdot \ln ER_{it} + \delta_i + \varepsilon_{it} \qquad (4.17)$$

$$\ln HS_{it} = \alpha + \theta_1 \ln HS_{i,t-1} + \theta_2 \ln ER_{it} + \theta_3 (\ln ER_{it})^2 + \theta_4 \ln KS_{it} + \theta_5 \ln R\&D_{it}$$
$$+ \theta_6 \ln GM_{it} + \theta_7 \ln EFDI_{it} \cdot \ln ER_{it} + \theta_8 \ln MFDI_{it} \cdot \ln ER_{it}$$
$$+ \theta_9 \ln VSS_{it} \cdot \ln ER_{it} + \delta_i + \varepsilon_{it} \qquad (4.18)$$

2. 环境规制对就业技能结构影响的说明。模型（4.15）~（4.18）中的变量包括技术型劳动力就业比重、环境规制、资本—产出比、研发投入强度、行业生产规模、出口主导型 FDI、市场主导型 FDI 以及产业内垂直专业化分工程度。具体来看：

（1）被解释变量：就业技能结构（HS）。本部分运用大中型工业行业科技活动人员数占从业人员总数的比例来刻画就业技能结构。

（2）环境规制（ER）。本部分运用工业行业三废排放物标准值的加权平均的倒数表示，具体度量方法见第三章第二节。

（3）资本—产出比（KS）。本部分运用工业行业固定资产净值占工业行业总产值的比重表示。

（4）研发投入强度（R&D）。为保证统计口径的一致性，本部分运用大中型工业企业研发活动经费内部支出占工业行业科技活动人员数的比重表示。

（5）行业生产规模（GM）。本部分运用工业行业总产值表示。

（6）出口主导型 FDI（EFDI）和市场主导型 FDI（MFDI）。参考陈继勇和盛杨怿（2008）提出的 FDI 技术溢出效应指标，构建出口主导型 FDI 和市场主导型 FDI 指标如下：

$$EFDI_{it} = \frac{EX_{FDI_{it}}}{EX_t} \sum_{j=1}^{n} \frac{EX_{jt}}{GDP_{jt}} \cdot R\&S_{jt} \qquad (4.19)$$

$$\text{MFDI}_{it} = \frac{\text{FDI}_{it}}{\text{FDI}_t} \sum_{j=1}^{n} \frac{\text{FDI}_{jt}}{K_{jt}} \cdot R\&S_{jt} \qquad (4.20)$$

式（4.19）中，i 表示工业行业，t 表示年份，j 表示对中国外商直接投资水平较高的某个国家，$EX_{FDI_{it}}$ 表示第 t 期第 i 个工业行业外商投资（包括港澳台地区投资）企业的出口交货值，EX_t 表示第 t 期规模以上工业企业的出口交货值，EX_{jt} 表示第 t 期中国对 j 国的出口值，GDP_{jt} 表示第 t 期 j 国的国内生产总值，$R\&S_{jt}$ 表示第 t 期 j 国的科研投入。此外，式（4.20）中，FDI_{it} 表示第 t 期第 i 个工业行业中的外商直接投资额（包括港澳台地区投资），FDI_t 表示第 t 期规模以上工业行业中的外商直接投资额（包括港澳台地区投资），FDI_{jt} 表示第 t 期中国利用 j 国的外商直接投资额，K_{jt} 表示第 t 期 j 国的固定资本。根据各国自身的研发水平以及对中国 FDI 的贡献程度，本部分选取的样本包括美国、英国、法国、德国、日本、俄罗斯、加拿大、意大利 G－8 国家以及新加坡、韩国 10 个外商投资国家。

（7）产业内垂直专业化分工程度（VSS）。本部分借鉴赫梅尔斯（Hummels，2001）的方法测算一国工业垂直专业化程度，运用一国出口贸易中进口中间品所占比重来表示，如下：

$$\text{VSS}_t = \frac{1}{EX_t} \mu A^M (I - A^D)^{-1} X^V \qquad (4.21)$$

由此推导出测度工业分行业的垂直专业化程度指标，如下：

$$\text{VSS}_{it} = \mu A^M (I - A^D)^{-1} \qquad (4.22)$$

式（4.21）、（4.22）中，i 表示工业行业，t 表示年份，EX_t 表示第 t 期工业行业出口贸易总额，μ 为 $1 \times n$ 维单位行向量，A^M 表示 $n \times n$ 维进口系数矩阵，$A^M = \dfrac{IM_{it}}{IM_{it} + GDP_{it} - EX_{it}} \cdot A$ 且 $A^M + A^D = A$，其中 IM_{it} 表示第 t 期第 i 个工业行业进口贸易额，GDP_{it} 表示第 t 期第 i 个工业行业的国内生产总值，A 表示直接消耗系数矩阵，A^D 表示国内消耗系数矩阵，相应地 $(I - A^D)^{-1}$ 为里昂惕夫逆矩阵，X^V 为 $n \times 1$ 维出口向量。

考虑到中国自 2003 年开始公布工业分行业工资数据，同时，由于缺乏分行业进口贸易的国内统计数据，该数据选自联合国

COMTRADE 数据库中按 SITC Rev. 3 标准分类的中国工业行业进出口贸易数据，借鉴盛斌（2002）的处理方法将按 SITC Rev. 3 标准分类的数据归并为 34 个中国工业行业数据，因此，本部分以 2003 ~ 2012 年间中国 34 个工业行业面板数据为样本进行考察。样本期间 G－8 国家和新加坡、韩国的科研投入数据来自 OECD 数据库的《主要科学技术指标》，各国 GDP、固定资本数据来自《EIU 各国宏观经济指标宝典》数据库，同时各国对中国投资以及从中国的进口贸易数据来自《中国贸易外经统计年鉴》各期。直接消耗系数矩阵来自 2002 年、2005 年、2007 年、2010 年编制的中国投入产出表及其延长表，由于编制年份不连续，本部分运用 2002 年的直接消耗系数矩阵替代 2003 年、2004 年的，运用 2005 年的矩阵替代 2005 年、2006 年的，运用 2007 年的矩阵替代 2007 ~ 2009 年的，运用 2010 年的矩阵替代 2010 ~ 2012 年的。其余变量的数据来自《中国统计年鉴》、《中国环境统计年鉴》、《中国科技统计年鉴》、《中国劳动统计年鉴》以及《中国工业经济统计年鉴》各期。以 2003 年为基期，将各变量按工业分行业出厂价格指数转换成不变价。

第二节　环境规制的劳动力就业规模总效应

本部分分别运用 diff－GMM 与 sys－GMM 估计方法对全国、不同劳动力收入以及受教育程度地区的环境规制就业效应进行实证分析，对应方程（4.9）。由于 sys－GMM 方法的估计效率更高，为此，本部分以此方法的估计结果为主，并选用 Stata 12.0 软件进行分析。

一、基于全国层面的环境规制就业规模效应

表 4－1 显示对全国动态面板数据的估计结果。Sargan 检验的 P 值在 0.3 ~ 0.4 之间，表明不存在工具变量的过度识别问题，同时，AR（1）、AR（2）检验显示 diff－GMM 与 sys－GMM 估计结果接受

干扰项无二阶序列相关的零假设，即工具变量的选择是有效的。从全国层面的估计结果来看，环境规制变量的一次项估计系数为负，二次项估计系数为正，均通过1%的显著性水平，说明环境规制与就业之间存在U型曲线的动态关系，即随环境规制力度的不断增强，环境规制对就业规模产生先抑制后促进的作用。借鉴摩根斯特纳等（2002）的思路，可能存在双重"门槛效应"：当环境规制力度尚未达到门槛值时，企业不会选择实施环境治理活动，而是通过"成本效应"将环境规制成本直接内化于企业生产成本，形成环境规制成本对生产资本的挤出，或者导致企业将环境规制成本转嫁至产出品价格，市场份额降低，进而企业生产规模与就业规模随之减少；当环境规制力度跨越第一门槛值时，环境规制成本占企业生产成本的比重较高，较高的污染治理成本会使企业优先选择实施生产末端污染治理的环境治理活动，由于中国现阶段劳动力成本较低，企业在生产末端污染治理活动中倾向于投入更多的劳动力，进而形成劳动力对资本的"要素替代效应"，进而有利于就业规模的增长；当环境规制力度进一步增强并跨越第二门槛值时，环境规制高成本会倒逼企业通过研发投入实施生产过程的环境治理活动，进一步强化劳动力对资本的"要素替代效应"。正如相关研究显示，中国沿海地区经济发达地区已经跨越环境库兹涅茨曲线的拐点（蔡昉等，2008），部分地区第三产业占GDP的比重超过0.3833，环境规制对就业是有正的促进作用的（闫文娟等，2012）。

从控制变量估计系数来看，技术进步变量的估计系数均为正，并通过了1%的显著性水平检验，表明以环境全要素生产率测度的技术进步能促进就业增长，这是由于环境全要素生产率的提高所带来的生产过程环境效率改进会尽可能减少对资本和自然资源的损耗，有利于提高单位产出劳动力的投入水平，这一结论与王勇等（2013）的研究结论相反，可能与本部分测度技术进步指标中纳入了环境因素有关。国内资本变量的估计系数均为正，通过了1%的显著性水平检验，表明国内资本存量能明显促进就业规模的增长，原因在于国内资本存量增长所导致的厂房和资本设备投入的增加，需要投入更多的劳动力与之相匹配，进而对劳动力的需求随之增长，这一结论与理论模型的预期相一致。FDI 变量的估计系数均为负，达到了 1% 的显著性水平，说明 FDI 流量对就业具有替代效应，原因是 FDI 流入对国内资本投入挤出和生产率提升所带来的就业"替代效应"大于 FDI 流入对生产规模扩大的"创造效应"，进而抑制就业增长，理论模型中对应的参数 γ 应取负值，这可以从罗军（2014）等相关研究中得到印证。sys – GMM 估计法得出的物价水平变量估计系数为正，仅达到10% 的显著性水平，表明物价水平的上涨会降低劳动力的实际成本，企业对劳动力的需求随之增长，与理论模型的预期相符合。名义工资水平变量的估计系数均为负，通过 1% 的显著性水平检验，说明劳动力名义成本的上升不仅会直接减少企业对劳动力的需求，还会改变企业在实施环境治理活动中对劳动力的投入偏好，选用资本替代劳动力，从而弱化环境规制对就业的增长效应。此外，因变量滞后一期估计系数在 1% 的水平上显著为正，说明前一期就业规模对当期就业规模存在明显的正面效应，因此，本部分选用动态面板数据进行考察是合理的。

二、基于不同收入水平地区层面的环境规制就业规模效应

为考察不同收入水平地区的环境规制就业效应的差异，本部分按样本期间人均 GDP 的平均值将中国 28 个省市区划为高收入、中等收入以及低收入地区，然后对应方程（4.9），分别运用 diff – GMM 与 sys – GMM 估计方法对三个地区的动态面板数据进行分析，估计结果见表 4 – 1。从估计结果来看，根据环境规制变量的一次项与二次项估计系数，高收入地区估计结果与全国面板数据的估计结果相吻合，中等收入地区估计系数不显著，低收入地区的一次项估计系数显著为正，造成这一现象的原因可能与不同收入水平地区的产业结构差异有关。由于不同的产业结构吸纳的就业人数有较大的差异（夏杰长，2000），环境规制对不同产业就业规模的影响程度也会存在较大差别：高收入地区第三产业占 GDP 的比重较高，对就业的吸纳潜力最强，中低收入地区第二产业占 GDP 的比重较高，对就业的吸纳能力

明显不及第三产业，低收入地区虽以第二产业为主导，但其第二产业拥有最高的资本—产出比（朱轶、吴超林，2010），对就业的吸纳能力最低，因此，理论推测是环境规制通过"成本效应"和"要素替代效应"对高收入地区就业规模的影响较为显著，而对中低收入地区就业的影响程度随收入减少而递减，因此，根据理论推测应表现为高收入地区估计系数显著，中低收入地区估计系数显著性水平降低或不显著。但事实上低收入地区的样本估计结果与理论推测相反，该结果显示低收入地区环境规制能在1%的显著性水平上促进就业规模增长，这一估计结果与低收入地区的特殊性有关：低收入地区影响就业的关键因素更多地源于地方政府以及国有经济这类"体制内"层面（朱轶、吴超林，2010），因此，对以国有经济为主体的低收入地区就业影响的考察不应忽视地方政府、国有经济对就业的干预因素，若在模型（4.9）中纳入这些"体制内"关键因素，可以初步判断，环境规制对低收入地区就业并不一定存在稳定的正相关关系。

从控制变量估计系数来看，高收入和低收入地区技术进步变量、FDI变量的估计系数与全国面板数据估计结果相吻合，中等收入地区的估计系数不显著，其中，对于技术进步的就业效应而言，可能原因是中等收入地区产业以传统资源型重工业为主，而传统资源型重工业严重依赖资本、自然资源的投入，因此，该地区传统资源型重工业环境全要素生产率的改进对就业规模的促进作用是非常有限的；对于FDI流量的就业效应而言，相对于低收入地区，中等收入地区凭借劳动力、资源以及交通等优势，成为承接来自高收入地区劳动密集型FDI企业的主导，有利于促进中等收入地区的就业"创造效应"，缓解了该地区FDI流入对就业规模的抑制作用。三个地区的国内资本变量、名义工资水平变量的估计系数与全国面板数据估计结果基本一致。物价水平变量在三个地区的估计系数均没有通过显著性水平检验，表明由于存在"货币幻觉"，显著影响企业劳动力需求的是劳动力名义成本，而非实际成本。类似地，不同劳动力收入水平地区因变量滞后一期估计系数在1%的水平上均显著为正，说明运用动态面板数据进一步分地区考察是必要的。

表4－1　全国及不同劳动力收入水平地区的估计结果

变量	全国		高收入地区		中等收入地区		低收入地区	
	DGMM	SGMM	DGMM	SGMM	DGMM	SGMM	DGMM	SGMM
环境规制的就业效应								
ER	−0.0627***	−0.0919***	0.0130	−0.0374***	−0.0362*	−0.0111	0.0836***	0.0513***
	(0.000)	(0.000)	(0.440)	(0.001)	(0.079)	(0.442)	(0.000)	(0.000)
ER^2	0.0028***	0.0039***	−0.0006	0.0016**	0.0077	−0.0209	0.0021	−0.0232
	(0.000)	(0.000)	(0.533)	(0.034)	(0.688)	(0.278)	(0.852)	(0.623)
控制变量								
A	0.1203***	0.1451***	0.4299***	0.5004***	−0.0113	−0.0346	0.1414**	0.1572**
	(0.000)	(0.000)	(0.000)	(0.000)	(0.895)	(0.677)	(0.040)	(0.013)
K^h	1.0063***	1.0466***	1.2810***	1.3310***	1.1200***	1.0837***	1.0726***	1.0732***
	(0.000)	(0.000)	(0.000)	(0.000)	(0.000)	(0.000)	(0.000)	(0.000)
K^f	−0.0859***	−0.1017***	−0.1597***	−0.1643***	0.0196	−0.0139	−0.0867***	−0.0818***
	(0.000)	(0.000)	(0.000)	(0.000)	(0.619)	(0.683)	(0.000)	(0.000)
p	0.8176	0.2826*	−2.8692*	−0.0842	2.7848	0.2758	0.4206	0.3642
	(0.523)	(0.063)	(0.092)	(0.688)	(0.152)	(0.254)	(0.744)	(0.164)

续表

变量	全国		高收入地区		中等收入地区		低收入地区	
	DGMM	SGMM	DGMM	SGMM	DGMM	SGMM	DGMM	SGMM
w	-1.2501***	-0.9962***	-1.6748***	-1.3004***	-0.1852	-1.0522***	-1.2659***	-1.0559***
	(0.000)	(0.000)	(0.000)	(0.000)	(0.598)	(0.000)	(0.000)	(0.000)
L(-1)	0.2835***	0.2917***	0.1101***	0.0800***	0.2398***	0.2455***	0.1879***	0.2125***
	(0.000)	(0.000)	(0.000)	(0.000)	(0.000)	(0.000)	(0.000)	(0.000)
Cons		4.8787***		8.7828***		4.8057***		5.6346***
		(0.000)		(0.000)		(0.000)		(0.000)
AR(1)	-4.08	-4.04	-2.97	-3.17	-3.37	-3.32	-3.48	-3.45
	(0.000)	(0.000)	(0.003)	(0.002)	(0.001)	(0.001)	(0.001)	(0.001)
AR(2)	3.87	3.77	2.77	2.82	0.90	0.52	-0.38	-0.25
	(0.609)	(0.612)	(0.516)	(0.528)	(0.457)	(0.605)	(0.717)	(0.803)
Sargan test	158.01	152.53	180.52	190.33	105.11	112.46	112.20	128.30
	(0.302)	(0.316)	(0.213)	(0.227)	(0.330)	(0.315)	(0.324)	(0.269)
obs	468	486	144	162	126	144	126	144

注: *、**、*** 分别表示10%、5%和1%的显著性水平; 回归系数括号里的数分别为 prob > z、prob > chi2 的值; 在 sys - GMM 估计中, AR、Sargan test 括号里的数为 p 统计量, 回归中的前定变量为 $lnL_{i,t-1}$, 内生变量为 ER、ER^2, 其余为外生变量。

三、基于不同受教育程度地区的环境规制就业效应

为考察不同受教育程度地区的环境规制就业效应的差异，本部分按样本期间大专及以上学历人口占总人口比重的平均值将中国 28 个省、直辖市、自治区划分为高教育、中等教育以及低教育水平地区，然后对应方程（4.9），分别运用 diff – GMM 与 sys – GMM 估计方法对三个地区的动态面板数据进行分析，估计结果见表 4 – 2。从估计结果来看，高教育和中等教育水平地区环境规制变量的一次项估计系数和二次项估计系数与全国面板数据估计结果相吻合，而低教育水平地区的一次项估计系数显著为正。结合实际情况来看，当环境规制跨越门槛值，企业实施生产末端或生产过程的污染治理活动时，需要从事清洁操作或清洁技术研发活动的技术型劳动力与之相匹配，由于低教育水平地区非技术型劳动力占总人口比重较大，该地区环境治理活动对就业的正面促进作用不及高中等教育水平地区，但事实上低教育水平地区的样本估计结果与实际情况不符。与上文类似，产生这一现象的原因与低教育水平地区的特殊性有关，由于低教育水平地区大多分布在西部地区，市场化程度不高，因此，影响就业的关键因素更多来自地方政府和国有经济的干预，若在考察低教育水平地区的模型中遗漏这些关键因素，可能会导致环境规制系数的估计偏误。

从控制变量的估计系数来看，高教育水平地区技术进步变量、FDI 变量的估计系数均与全国面板数据的估计结果相似，中低教育水平地区估计系数均不显著，其中，对于技术进步的就业效应而言，环境全要素生产率的改进来自企业对生产末端或生产过程的污染治理活动，这些污染治理活动需要技术型劳动力的参与，主要从事生产末端的清洁操作或清洁技术的研发活动，由于高教育水平地区技术型劳动力规模相对较大，因此技术进步对高教育水平地区的就业的正面影响更显著；对于 FDI 流量的就业效应而言，FDI 主要集中在制造业价值链的低端加工环节，这些低端加工环节对劳动力的技术含量要求不高，这使 FDI 的就业"创造效应"主要体现在非技术型劳动力的就

业创造方面，由于中低教育水平地区非技术型劳动力规模相对较大，因此 FDI 对中低教育水平地区的就业创造作用，抵消了 FDI 对国内资本挤出和生产率提升导致的就业替代的负面作用，弱化了 FDI 对就业规模的抑制效应。三个地区的国内资本变量、名义工资水平变量的估计系数与全国面板数据的估计结果基本一致。除了中等教育水平地区物价水平变量的估计系数在 5% 的水平上显著为正以外，其余地区估计系数均没有通过显著性水平检验，而三个地区名义工资水平变量的估计系数均在 1% 的水平上显著为负，表明存在"货币幻觉"现象，即劳动力名义工资对企业劳动力需求的影响更明显。类似地，不同受教育程度地区因变量滞后一期估计系数在 1% 的水平上均显著为正，表明运用动态面板数据进一步分地区考察是合理的。

表 4 – 2　　　　　不同受教育程度地区的估计结果

变量	高教育水平地区		中等教育水平地区		低教育水平地区	
	DGMM	SGMM	DGMM	SGMM	DGMM	SGMM
环境规制的就业效应						
ER	−0.1223***	−0.1259***	−0.1580***	−0.0790***	0.0365***	0.0423***
	(0.000)	(0.000)	(0.000)	(0.000)	(0.001)	(0.000)
ER^2	0.0068***	0.0065***	0.0073***	0.0044***	−0.0033	−0.0203
	(0.000)	(0.000)	(0.000)	(0.000)	(0.745)	(0.118)
控制变量						
A	0.4026***	0.3780***	0.0819*	0.0099	−0.0873**	−0.0150
	(0.000)	(0.000)	(0.060)	(0.805)	(0.019)	(0.710)
K^h	1.0665***	1.0876***	1.3659***	1.1412***	0.8056***	0.7790***
	(0.000)	(0.000)	(0.000)	(0.000)	(0.000)	(0.000)
K^f	−0.0726***	−0.0851***	−0.1103***	−0.0287	−0.0014	−0.0132
	(0.000)	(0.000)	(0.000)	(0.147)	(0.908)	(0.375)
p	1.8525	−0.3783	2.6586	0.5200**	0.7417	0.2515
	(0.220)	(0.214)	(0.148)	(0.016)	(0.476)	(0.261)

续表

变量	高教育水平地区		中等教育水平地区		低教育水平地区	
	DGMM	SGMM	DGMM	SGMM	DGMM	SGMM
w	-1.1586***	-1.0225***	-0.5450***	-1.1666***	0.0058	-0.7574***
	(0.000)	(0.000)	(0.000)	(0.000)	(0.957)	(0.000)
L (-1)	0.2595***	0.2663***	0.4147***	0.3379***	0.0785***	0.0235***
	(0.000)	(0.000)	(0.000)	(0.000)	(0.008)	(0.000)
Cons		8.0553***		3.6262***		6.9908***
		(0.000)		(0.001)		(0.000)
AR (1)	-3.25	-3.51	-3.15	-3.41	-3.74	-2.56
	(0.001)	(0.000)	(0.002)	(0.001)	(0.000)	(0.010)
AR (2)	-1.10	-1.13	2.20	2.81	0.28	0.81
	(0.273)	(0.259)	(0.571)	(0.522)	(0.782)	(0.418)
Sargan	164.24	173.10	137.66	145.37	120.25	179.02
test	(0.261)	(0.223)	(0.294)	(0.267)	(0.303)	(0.245)
obs	144	162	126	144	126	144

注：同表4-1。

第三节 环境规制对劳动力就业技能结构影响的效应

本部分根据方程（4.15）~（4.18），运用计量软件 Stata 12.0 分别对全国工业以及不同工业类型面板数据进行静态和动态分析，工业行业类型按工业行业三废污染物排放的加权平均值区分为 14 个高污染行业和 20 个低污染行业类型。由于静态面板数据分析没有考虑到上一期就业技能结构对本期的影响，因此本部分重点考察动态面板数据的分析结果，而静态分析的结果仅作为参考。

一、环境规制对就业技能结构影响的直接效应

表 4-3 为环境规制对就业技能结构直接效应的估计结果，对全国以及不同类型工业面板数据进行动态分析，其中，模型 1、3、5 以工业污染治理费用占销售产值的比重衡量环境规制力度，模型 2、4、6 以工业污染治理费用占主营业务成本的比重衡量环境规制力度，以保证估计结论的稳健性。动态面板数据的 AR（1）、AR（2）检验表明拒绝随机误差项存在一阶自相关的原假设，即工具变量的选择是有效的，同时，Sargan 检验显示不存在工具变量过度识别问题。

从表 4-3 的核心变量估计系数的结论来看，全国层面工业行业的估计结果显示，环境规制变量的一次项估计系数与二次项估计系数均为负，但不显著，其中，受环境规制影响较大的高污染工业行业，其核心解释变量环境规制变量一次项估计系数与二次项估计系数均在 5% 的水平上显著为负，表明环境规制与就业技能结构之间呈现倒 U 型的变动规律，即环境规制对就业技能结构会产生先促进后抑制的作用，然而，对于低污染工业行业，其环境规制变量一次项和二次项系数均为正，且不显著。这一估计结果表明，全国层面、低污染工业行业的环境规制对就业技能结构的改善没有明显的促进作用，而高污染工业行业的环境规制却能显著提升就业技能结构。从不同工业行业类型的结论来看，由于低污染工业行业受环境规制影响较小，就业技能结构受环境规制的影响也非常有限，而高污染工业的环境规制成本占生产成本的比重较高，就业技能结构受环境规制的影响更为显著。进一步从高污染工业行业的结论来看，根据摩根斯坦纳等（2002）的思路，笔者将环境规制对就业技能结构的影响划分为以下三种方向不一致的影响途径：

其一，全国层面、低污染工业行业的环境规制成本占生产成本的比重较低，环境规制力度相对较弱，企业不会优先选择实施环境污染治理活动，而是通过"成本效应"将环境规制成本直接转嫁至生产成本，导致企业利润的减少并形成研发资本积累挤出甚至生产规模的

缩减，从而企业对不同技能的劳动力投入随之减少，这反映出我国工业化进程中普遍存在高能耗、高污染、高排放的路径依赖现象，而较弱的环境规制力度无助于摆脱这一路径依赖。

其二，相对于低污染工业行业而言，高污染工业行业环境规制成本占生产成本的比重较高，企业会选择实施环境污染治理活动以规避规制成本的压力，如增加生产末端的污染处理设备或投入从事环境监督、设备维修改进的技术劳动力，由于我国现阶段劳动力成本较低，实施环境污染治理会形成技术劳动力对资本的"要素替代效应"，进而企业对技术劳动力的需求随之增长，就业技能结构明显提升。

其三，高污染工业行业存在环境规制高成本对清洁技术创新的倒逼效应，当环境规制成本占生产成本的比重持续增大时，环境规制的高"成本效应"会倒逼企业实施环境污染治理的研发活动，不论是生产过程的清洁技术创新活动，还是与清洁生产相关的组织创新活动，均需要与环境技术研发、清洁操作相匹配的技术劳动力投入，即较高的环境规制力度会通过高"成本效应"、"要素替代效应"对就业技能结构产生积极的促进作用。然而，企业内部缺乏对清洁技术创新的研发资本投资激励，更倾向于将大量的研发资本投入非清洁技术创新方面，仅仅依靠市场力量促进清洁技术创新是不够的，需要源自外部资源或环境规制的有效约束，并与一国经济发展水平密切相关，即当一国工业经济发展水平尚未跨越环境库兹涅茨曲线拐点，人们对环境质量的需求较低，工业企业难以通过清洁技术创新获取较高的利润回报，此时环境规制力度强化到某一门槛水平，可能无助于清洁技术创新活动的实施，因此，高污染工业行业的环境规制对就业技术结构的影响会呈现动态变化，该变化规律与经济发展水平、环境规制力度密切相关，其估计结果与假设 1 的预期基本一致。

从控制变量的估计系数来看，全国层面工业行业以及高污染工业行业出口主导型 FDI 变量的估计系数均显著为正，高污染工业行业市场主导型 FDI 变量的估计系数显著为负，表明对于高污染工业行业而言，出口主导型 FDI 能明显促进就业技能结构的提升，这是由于以出口为主导的外资企业，为了达到进口国消费群体对产品品质的高标准要求，充分运用我国的低成本劳动力资源优势，增加对技术劳动力的生产投入和培训力度，同时，市场主导型 FDI 不利于就业技能结构的提高，原因可能在于以市场为导向的外资企业面向国内市场及国内消费群体，而国内消费群体的品质需求相对较低，技术劳动力的生产投入相对较少，从而对就业技能结构的正面影响相对有限，这一研究结论与王鹏和陆浩然（2013）的研究结论相一致；不同类型工业行业的动态模型中产业内垂直专业化分工程度变量的估计系数均不显著，表明整体的垂直专业化程度和就业技能结构之间没有明显的统计关系，笔者初步判断是整体的垂直专业化贸易掩盖了我国与不同国家产业链的垂直分工对就业技能结构影响的差异，若进一步区分进口中间品的来源国，垂直专业化程度对就业技能结构可能存在显著影响；高污染工业行业的资本—产出变量的估计系数均在 1% 的水平上显著为正，说明资本深化能明显提升高污染工业就业技能结构，原因在于资本深化所带来的先进技术设备需要技术劳动力与之相匹配，资本深化和技术劳动力之间具有互补关系，同时，污染密集型产品往往是资本密集型产品（Cole & Elliott, 2003），相对于低污染工业而言，高污染工业的资本密集程度较高，其资本深化对技术劳动力的技能要求更高，从而对就业技能结构的促进作用更显著。高污染工业行业研发投入强度变量的估计系数为正，表明研发投入强度提高会通过生产过程技术进步，增加技术劳动力投入，从而促进就业技能结构的提高；不同类型工业行业的生产规模变量的估计系数均不显著，说明生产规模扩张仍处于总量扩大阶段，并未促进工业行业技术水平的改进以及就业技能结构的提高。动态模型中因变量滞后一期的估计系数均在 1% 的水平上显著为正，说明上一期就业技能结构对本期就业技能结构存在明显的正效应，因此本书选择以动态模型的实证结论为主进行分析是合理的，此外，选用不同类型的环境规制测度指标，估计系数的符号与显著性保持一致，保证了估计结论的稳健性。

表4－3 环境规制对就业技能结构的直接影响

变量	全国工业		高污染工业		低污染工业	
	模型1	模型2	模型3	模型4	模型5	模型6
环境规制的直接影响						
ER	− 0.0984	− 0.1277	− 0.8294 **	− 0.8778 **	0.4004	0.3973
	(0.401)	(0.276)	(0.011)	(0.022)	(0.206)	(0.171)
ER^2	− 0.0063	− 0.0086	− 0.0657 **	− 0.0720 **	0.0263	0.0268
	(0.430)	(0.298)	(0.017)	(0.032)	(0.197)	(0.165)
控制变量						
EFDI	0.0166 **	0.0172 **	0.0444 ***	0.0446 ***	0.0054	− 0.0012
	(0.039)	(0.045)	(0.001)	(0.001)	(0.835)	(0.968)
MFDI	− 0.0037	− 0.0053	− 0.0401 *	− 0.0404 *	0.0109	0.0235
	(0.766)	(0.695)	(0.070)	(0.084)	(0.370)	(0.257)
VSS	− 0.0078	− 0.0085	0.0247	0.0182	− 0.0157	− 0.0088
	(0.498)	(0.445)	(0.303)	(0.433)	(0.588)	(0.778)
KS	0.1054 **	0.1098 **	0.2428 ***	0.2423 ***	0.1332	0.1103
	(0.028)	(0.024)	(0.000)	(0.000)	(0.289)	(0.425)
R&D	0.0321	0.0298	0.1086 **	0.1034 **	0.0730	0.0695
	(0.486)	(0.523)	(0.025)	(0.042)	(0.258)	(0.273)
GM	0.0078	0.0084	− 0.0034	− 0.0068	0.0217	0.0203
	(0.500)	(0.478)	(0.738)	(0.487)	(0.314)	(0.355)
HS（−1）	0.9277 ***	0.9287 ***	0.8362 ***	0.8371 ***	0.9131 ***	0.9110 ***
	(0.000)	(0.000)	(0.000)	(0.000)	(0.000)	(0.000)
Cons	− 0.8740 **	− 0.9461 **	− 3.3370 ***	− 3.3552 ***	0.6415	0.5366
	(0.031)	(0.012)	(0.000)	(0.001)	(0.592)	(0.597)
AR（1）	− 4.01	− 4.01	− 2.75	− 2.73	− 3.05	− 3.06
	(0.000)	(0.000)	(0.006)	(0.006)	(0.002)	(0.720)
AR（2）	− 0.70	− 0.71	− 0.30	− 0.26	− 0.47	− 0.45
	(0.486)	(0.477)	(0.760)	(0.793)	(0.640)	(0.654)
Sargan	176.42	178.48	107.25	107.95	139.79	141.43
test	(0.541)	(0.497)	(0.772)	(0.757)	(0.752)	(0.720)
obs	340	340	140	140	200	200

注：*、**、*** 分别表示15%、10%、5%和1%的显著性水平；回归系数括号里的数为 p 统计量，AR、Sargan test 括号里的数分别为 prob > z、prob > chi2 的值；在 sys－GMM 估计中，回归中的前定变量为 $lnHS_{i,t-1}$，内生变量为 ER、ER^2，其余为外生变量。

二、环境规制对就业技能结构影响的间接效应

表 4-4 为环境规制对就业技能结构间接效应的估计结果，对全国层面以及不同类型工业面板数据进行动态分析，模型 1、3、5 运用工业污染治理费用占销售产值的比重衡量环境规制力度，模型 2、4、6 运用工业污染治理费用占主营业务成本的比重衡量环境规制力度。动态面板数据的 AR（1）、AR（2）检验拒绝随机误差项存在一阶自相关的原假设，说明工具变量选择有效，同时 Sargan 检验也表明不存在工具变量的过度识别问题。

从表 4-4 的核心变量估计系数的结果来看，对于全国层面以及不同类型工业行业环境规制的就业技能结构效应，除显著性水平稍微下降以外，环境规制变量的估计系数的显著性结果与表 4-3 的估计结果基本吻合，同时，相对低污染工业而言，高污染工业行业环境规制成本占生产成本的比重相对较高，受容易受到环境规制的影响，因此，高污染工业行业环境规制力度的增强对就业技能结构的影响更显著，这一结论与表 4-3 的结论类似。

不同之处在于，表 4-4 的高污染工业行业出口主导型 FDI 与环境规制的交互项估计系数在 1% 的水平上显著为负，同时，市场主导型 FDI 与环境规制的交互项估计系数在 15% 的水平上显著为正，恰好与表 4-3 的出口主导型 FDI、市场主导型 FDI 变量的估计系数符号相反，这一结果说明环境规制能明显改变出口主导型 FDI、市场主导型 FDI 对就业技能结构的影响方向，具体来看，环境规制会弱化出口主导型 FDI 对就业技能结构的正向效应，同时抑制市场主导型 FDI 对就业技能结构的负面效应。这是由于出口主导型 FDI 企业主要以规避母国环境规制高成本为目的，东道国环境规制力度的提高会导致引资规模的减少，进而弱化出口主导型 FDI 对就业技能结构的积极效应，而市场主导型 FDI 主要以扩大市场份额、规模化生产为目的，东道国环境规制力度的提升会引致内含技术水平较高的 FDI 流入，从而强化 FDI 企业与东道国企业之间的技术溢出、竞争以及产业关联效

应，对技术劳动力的需求增长，有利于东道国工业行业就业技能结构的改善，进而抑制市场主导型 FDI 对就业技能结构的负面影响，这一结论与假设 2 和假设 3 的理论预期相一致；表 4-4 的高污染工业产业内垂直专业化分工程度与环境规制的交互项估计系数不显著，这说明东道国环境规制力度的强化未能明显改变东道国产业在全球价值链的分工地位，即通过高能耗、高污染以及低附加值的生产环节逐步向较低能耗、较低污染以及较高附加值的生产环节转移，以提升技术劳动力投入的作用是非常有限的，这一结果说明假设 4 预期的正面效应并不显著。

从控制变量的估计系数来看，表 4-4 的工业行业资本—产出变量、研发投入强度变量、生产规模变量以及因变量滞后一期变量的估计系数方向、显著性均与表 4-3 估计结果基本一致，保证了各控制变量的估计系数结果的稳健性和可靠性。

表 4-4　　　　　环境规制对就业技能结构的间接影响

变量	全国工业		高污染工业		低污染工业	
	模型 1	模型 2	模型 3	模型 4	模型 5	模型 6
环境规制的间接影响						
ER	-0.0662	-0.0429	-0.8214**	-0.8676**	0.4521	0.4416°
	(0.439)	(0.637)	(0.013)	(0.031)	(0.151)	(0.131)
ER^2	-0.0054	-0.0045	-0.0638**	-0.0699**	0.0285	0.0270
	(0.382)	(0.503)	(0.024)	(0.048)	(0.185)	(0.181)
EEFDI	-0.0029***	-0.0027**	-0.0065***	-0.0066***	-0.0001	0.0009
	(0.005)	(0.017)	(0.003)	(0.004)	(0.996)	(0.814)
EMFDI	0.0014	0.0007	0.0055°	0.0057°	-0.0015	-0.0045
	(0.308)	(0.648)	(0.108)	(0.113)	(0.441)	(0.179)
EVSS	0.0011	0.0014	-0.0045	-0.0035	0.0001	0.0004
	(0.453)	(0.337)	(0.230)	(0.367)	(0.971)	(0.922)

续表

变量	全国工业		高污染工业		低污染工业	
	模型1	模型2	模型3	模型4	模型5	模型6
控制变量						
KS	0.1166 ***	0.1098 **	0.2319 ***	0.2313 ***	0.1034	0.0782
	(0.008)	(0.020)	(0.000)	(0.000)	(0.421)	(0.553)
R&D	0.0615 *	0.0575 *	0.1112 ***	0.1059 **	0.0814°	0.0774°
	(0.079)	(0.099)	(0.008)	(0.012)	(0.141)	(0.144)
GM	0.0024	−0.0003	−0.0032	−0.0067	0.0223	0.0126
	(0.802)	(0.977)	(0.698)	(0.352)	(0.271)	(0.505)
HS (−1)	0.9258 ***	0.9271 ***	0.8367 ***	0.8374 ***	0.9143 ***	0.9126 ***
	(0.000)	(0.000)	(0.000)	(0.000)	(0.000)	(0.000)
Cons	−0.7028 **	−0.6001 **	−3.3885 ***	−3.3913 ***	0.9673	0.8577
	(0.021)	(0.037)	(0.000)	(0.001)	(0.392)	(0.384)
AR (1)	−3.99	−3.98	−2.74	−2.72	−3.05	−3.05
yu	(0.000)	(0.000)	(0.006)	(0.006)	(0.002)	(0.002)
AR (2)	−0.66	−0.65	−0.25	−0.21	−0.49	−0.43
	(0.509)	(0.516)	(0.801)	(0.833)	(0.626)	(0.667)
Sargan	247.30	247.33	108.57	108.91	155.77	155.95
test	(0.907)	(0.907)	(0.914)	(0.911)	(0.921)	(0.919)
obs	340	340	140	140	200	200

注：在 sys – GMM 估计中，回归中的前定变量为 $InHS_{i,t-1}$，内生变量为 ER、ER^2、EEFDI、EMFDI、EVSS，其余同表 4 – 1。

第四节　小结与启示

一、主要结论

（一）环境规制对工业劳动力就业规模影响的小结

关于环境规制对工业劳动力就业规模的影响，本部分运用 1995 ~

2012 年中国 28 个省级动态面板数据进行考察，结论显示：

第一，从全国范围来看，中国环境规制与就业规模之间存在 U 型曲线的动态关系，换言之，环境规制对就业的影响随环境规制力度的增长，呈现先抑制后促进的作用。本部分认为中国环境规制的就业效应存在双重门槛值，其中，当环境规制力度尚未达到门槛值时，环境规制通过"成本效应"抑制就业规模的上升，而当环境规制力度跨越第一和第二门槛值时，环境规制通过劳动对资本的"要素替代效应"促进就业增长。

第二，从不同劳动力收入水平地区来看，高收入地区环境规制对就业的影响表现为先抑制后促进的作用，中等收入地区环境规制的就业效应不显著，低收入地区环境规制会明显促进就业增长。本部分认为高收入地区第三产业比重较高，就业吸纳潜力最强，中等收入地区第二产业比重较高，就业吸纳能力次之，低收入地区虽以第二产业为主导，但其第二产业内部资本—产出最高，就业吸纳能力最弱，从而导致环境规制对高收入地区就业的影响更显著。其中，低收入地区的估计结果与实际情况不符，这与低收入地区估计时未纳入"体制内"关键因素有关。

第三，从不同劳动力受教育程度地区来看，高教育和中等教育程度地区环境规制的就业效应呈现先抑制后增长的作用，低教育程度地区环境规制对就业产生显著的正面效应。本部分认为，当环境规制尚未跨越门槛值时，环境规制通过"成本效应"对三个地区就业产生负面影响，而当环境规制跨越门槛值时，企业实施污染治理活动需要技术型劳动力与之相匹配，由于高中等教育程度地区技术型劳动力规模相对较大，因而会明显促进高教育和中等教育程度地区就业增长。低教育程度地区的估计结果与实际情况矛盾，类似地，这可能与低教育水平地区考察时忽略了"体制内"非市场化因素，导致低教育程度地区就业模型的估计偏误有关。

（二）环境规制对工业劳动力就业技能结构影响的小结

关于环境规制对工业劳动力就业技能结构的影响，本部分运用

2003～2012 年中国 34 个工业行业动态面板数据进行实证分析，主要结论如下：

第一，从环境规制对就业技能结构的直接效应来看，全国层面、低污染工业行业环境规制对就业技能结构改善无明显作用，而高污染工业行业环境规制会明显提升就业技能结构。本书认为，我国环境规制对就业技能结构存在方向不一致的三种影响机制：当环境规制力度还未达到某一门槛值时，环境规制通过"成本效应"对就业技能结构的影响不明显；当环境规制力度跨越某一门槛值时，环境规制会通过增加与生产末端的污染治理或环境监督匹配的技术劳动力投入，即通过"成本效应"和"要素替代效应"提升就业技能结构；而当环境规制持续强化并达到某一较高水平，若与工业经济发展水平不相匹配，实施生产过程的清洁技术创新活动难以保障清洁技术创新的市场回报，环境规制则可能无法通过高"成本效应"倒逼企业实施生产过程的清洁技术改进活动，进而对就业技能结构产生抑制作用。

第二，从环境规制对就业技能结构的间接效应来看，高污染工业行业环境规制会明显改变出口主导型 FDI、市场主导型 FDI 对就业技能结构的影响效应，即环境规制会弱化出口主导型 FDI 对就业技能结构的正向效应，同时抑制市场主导型 FDI 对就业技能结构的负面效应，此外，环境规制通过垂直专业化分工对就业技能结构的影响不显著。本书认为，环境规制通过压缩出口主导型 FDI 的引资规模，从而对就业技能结构产生抑制作用；环境规制通过吸引内含技术水平较高的市场主导型 FDI 流入，强化 FDI 企业与东道国企业之间的技术溢出效应和竞争效应，进而提升就业技能结构；环境规制通过提升东道国企业在全球价值链中垂直专业化分工地位改进就业技能结构，这一影响效应非常有限。

二、政策启示

（一）环境规制对工业劳动力就业规模影响的启示

依据上述主要结论，本部分认为：环境规制与就业之间的关系并不冲突，尽管环境规制最初会对就业产生一定的负面影响，但在中国现阶段劳动力低成本的背景下，环境规制的高成本会促使企业运用低成本技术型劳动力参与生产末端的清洁操作，或倒逼企业运用低成本技术型劳动力参与生产过程清洁化的研发活动，以规避环境规制高成本的压力。由此可知，较弱的环境规制力度会导致就业损失，而环境规制的适度强化反而有利于就业增长，因此，政府应切实提高环境规制力度，避免出现财政分权下地方政府竞争导致的环境规制软化现象。由于不同劳动力收入水平地区和不同劳动力受教育程度地区环境规制就业效应存在较大差异，各地方政府从就业稳定增长的视角出发制定的环境规制政策应体现政策的差异性：由于沿海经济发达地区已经跨越环境库兹涅茨曲线的拐点，高收入水平地区和高教育程度地区可实施较高水平的环境规制力度，充分发挥环境规制高成本对该地区就业增长的积极效应；由于中低收入水平地区产业结构对就业的吸纳能力不足，限制了环境规制对就业的影响范围，因此这些地区的首要任务是加大对产业结构的调整力度，在合理调整三大产业之间关系的条件下，适度提高第三产业产值占 GDP 的比重；中低教育程度地区除了应扩大对环境技术专业领域的教育投入以外，各地方政府应尝试通过构建环境技术的产学研用平台，避免环境技术研发成果与市场需求脱节所导致的人力资源浪费，提高环境技术的市场转化率，并运用公共财政环保投入对具有良好市场潜力的研发项目予以有效补贴。

（二）环境规制对工业劳动力就业技能结构影响的启示

环境规制力度的强化会对工业行业就业技能结构带来显著的直接与间接影响，由于不同污染程度的工业行业环境规制的就业技能结构效应存在较大差异，各地方政府从提升就业技能结构的角度出发制定的环境规制政策应体现政策的差异性，着重强化对高污染工业的环境规制力度，以充分发挥环境规制高成本内化对高污染工业就业技能结构改进的积极效应。依据上述主要结论，本书提出的具体政策建议如下：

第一，地方政府应适度、切实强化高污染工业行业的环境规制力度。尽管环境规制的实施最初可能通过成本效应对就业技能结构提升的影响不明显，但由于现阶段我国低成本劳动力资源的优势，当环境规制力度跨越某一水平时，环境规制力度的适度提高会促使企业投入低成本技术劳动力参与生产末端的污染治理或环境监督活动，形成技术劳动力对资本的要素替代，反而有利于改善就业技能结构，因此，我国地方政府应切实提高环境规制力度，避免地方政府官员为追求政绩，在任期内扩大工业规模的"竞相逐底效应"所导致的环境规制软化现象。与此同时，环境规制力度的提高应与经济发展水平相适应，当经济发展尚未达到较高水平，应防止环境规制力度的过度强化，而当经济发展达到较高水平，地方政府在持续加强环境规制力度的基础上，还应充分运用生产与消费补贴、减税等多样化政策来协助企业开拓清洁技术产品的市场需求，以保障企业从事清洁技术创新活动的利润回报。

第二，地方政府应提高市场主导型 FDI 引进力度，并促进对外贸易的转型升级。其中，在引进外资方面，相对市场主导型 FDI 而言，虽然出口主导型 FDI 更有利于就业技能结构的提升，但考虑到环境规制对就业技能结构的间接效应，环境规制会明显改变市场主导型 FDI 和出口主导型 FDI 对就业技能结构的影响方向，各地方政府应扩大对市场主导型 FDI 的引资规模，并选择投资周期长、内含技术水平较高的外资项目；在参与全球价值链分工方面，结合国际生产网络层次性特征以及我国外贸企业的自身优势，各地方政府应鼓励外贸企业发挥主动性，从贸易中介者业务向生产组织者业务转变，从贸易生产者向贸易供应商身份转变，支持自主品牌创新以提升产品附加值，有力促进外贸企业在国际分工地位。

第三，地方政府应以优势企业为核心，搭建"优势企业、研究机构、高等院校、市场用户"多方合作的"产学研用"创新平台，以持续累积企业的清洁技术创新能力。由于我国清洁技术创新基础薄弱，而且在清洁技术领域存在技术—制度锁定效应，清洁技术创新不是自然而然的过程，需要来自外部的助力以打破清洁技术自主创新的壁垒。

第五章

环境规制对工业劳动力
收入影响的实证研究

随着在构建资源节约、环境友好型社会与保障劳动力收入稳步增长的双重目标下，中国工业行业面临经济发展方式转变的客观需求。本部分认为，环境规制不仅会对劳动力收入产生直接影响，还会通过研发投入、FDI、企业规模等因素对劳动生产率产生间接影响。

第一节　理论与实证模型构建

一、环境规制对劳动力收入影响的内在机制

从影响的传导机制来看，环境规制不仅会通过环境治理成本上升等方式直接影响劳动力的收入水平，而且会通过研发投入、贸易比较优势、FDI、企业规模等渠道对劳动力收入带来间接影响。

（一）环境规制影响劳动力收入的直接效应

环境规制对劳动力既有消极的"成本效应"，也有积极的"规模效应"，或者不确定的"要素替代效应"（Morgenstern et al. , 2002）。具体来看，其一，所谓的"成本效应"是指，环境规制的强化即环境治理成本的增加可能推动企业产出价格上升，市场需求减少，或者环境规制成本可能挤出部分生产资本，进而导致企业降低劳动力投入

量或劳动力收入；其二，所谓的"规模效应"是指，环境治理成本投入促使企业生产成本提高，为了使产出保持不变，企业需要投入更多包括劳动力在内的生产要素，在劳动力供给不变的条件下，供需变动形成的劳动力市场均衡点所对应的劳动力收入上升（O'Sullivan，2007）；其三，"要素替代效应"的不确定性与环境治理方式有关，即环境治理既有可能通过劳动力参与设备的检查、维修来实现，又有可能通过安装自动化处理设备实现，前者有利于劳动力投入量或劳动力收入的提高，而后者会减少劳动力需求量或劳动力收入，见图 5 – 1。

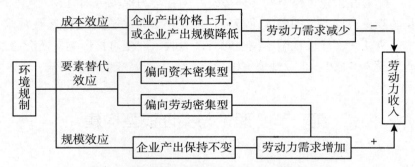

图 5 – 1　环境规制影响劳动力收入的直接效应

根据上述直接影响机制的分析，得到假设 1 如下：

假设 1：环境规制对工业劳动力收入的直接影响不确定，与经济发展阶段、环境规制力度有关，当环境规制水平较弱时，环境规制成本的内化可能会转嫁至劳动力，进而降低劳动力收入，而当环境规制水平较高时，可能会通过要素替代效应改变劳动力需求，或通过技术进步效应促进劳动力需求，此时对劳动力收入的影响不确定。

（二）环境规制影响劳动力收入的间接效应

环境规制不仅通过环境治理成本投入对劳动力产生直接影响，还会通过影响企业研发投入、贸易比较优势、FDI 以及企业规模对劳动力产生间接影响，如图 5 - 2 所示。

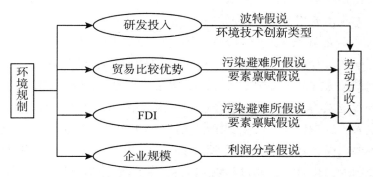

图 5 - 2　环境规制影响劳动力收入的间接效应

1. 环境规制通过研发投入促进企业技术创新、组织生态创新或不同的技术创新类型，进而影响劳动力收入。"波特假说"（Porter & Linde，1995）认为，严格的环境规制能刺激企业进行技术创新，而从技术创新的动态效应来看，清洁技术如能源节约型发动机的不断改进可能导致成本的下降，进而促进市场竞争力的提升，产品需求以及劳动力收入水平随之增长。然而，当一个国家或企业处于发展初期，首要任务是发展经济，实施严格的环境规制存在较大阻力，缺乏环境技术创新的动力，如强制性实施严格的环境规制，在企业研发资本投入一定的条件下，环境治理的资本投入会挤出或推迟有较好盈利前景的生产技术创新的资本投入（Wanlley & Whitehead，1994），而当经济水平、人力资本存量及环境污染等积累到一定程度，实施严格的环境规制才能迫使企业进行环境技术创新活动，即只有跨越这些"门槛"，"波特假说"才有可能实现。

2. 环境规制通过贸易比较优势的变化，从而影响要素相对价格包括劳动力收入。此影响机制受两类假说的影响：一是"要素禀赋假说"认为，一国或地区要素禀赋决定其比较优势，因此，环境规制的实施不会明显影响原有的贸易比较优势格局；二是"污染避难所假说"（Cole & Elliott，2003）认为，若环境治理成本占生产成本的比重较大，环境规制有可能削弱发展中国家劳动密集型产品的贸易比较优势，从而导致劳动力收入的减少。因此，环境规制是否会通过贸易比较优势改变劳动力收入。这取决于要素禀赋与环境治理成本对劳动力收入的相对影响程度。

3. 环境规制通过影响 FDI 区位，从而改变劳动力收入。此影响过程同样与两类假说相关：一是"污染避难所假说"认为，污染密集型产业为规避环境规制成本，可能迁至环境规制较为宽松的国家或地区，迁入的 FDI 企业有利于扩大一国或地区的劳动力需求以及劳动力收入；二是根据"要素禀赋假说"，要素禀赋差异是 FDI 企业流入的主要原因，则"污染避难所假说"在中国不一定成立。因此，环境规制的强化是否会通过影响 FDI 区位而改变劳动力收入，这取决于环境治理成本与要素禀赋的相对影响程度。

4. 环境规制弱化大规模企业的市场势力，降低企业的利润率，进而影响企业对劳动力要素的支付能力。大规模企业能凭借市场份额的优势地位，在要素市场上以较低的借贷成本借入资金，同时，在产品市场上压低上游中间投入品购入价格并抬高产品出售价格，这使得大规模企业存在较大的利润空间。结合利润分享假说，企业以利润反映的支付能力对劳动力收入存在影响（Blanchflower et al.，1996）。那么，在环境规制约束下，大规模企业的利润空间是否会因环境治理投入对生产资源的挤占而受到抑制？大规模企业容易导致大规模环境污染，所承担的环境规制成本较高，而较高的环境规制成本可能会降低企业市场份额，压缩企业利润空间与研发资本积累，进而弱化大规模企业对劳动力收入的支付能力。

根据上述分别以研发投入、贸易比较优势、FDI 以及企业规模为中介变量的间接影响机制分析，得到假设 2 ～假设 5 如下：

假设 2：发展中国家环境规制通过研发投入对工业劳动力收入的影响不确定，该影响存在门槛效应，当经济水平、人力资本存量等因素跨越门槛水平时，环境规制通过创新补偿效应促进工业劳动力收入的增长，而当经济水平、人力资本存量等因素还未跨越门槛水平时，环境规制通过研发资本挤出效应抑制工业劳动力收入的上升。

假设 3：发展中国家环境规制通过贸易比较优势对工业劳动力收

入的影响不确定，取决于要素禀赋与环境治理成本对劳动力收入的相对影响程度。

假设4：发展中国家环境规制通过 FDI 选址对工业劳动力收入的影响不确定，同样取决于环境治理成本与要素禀赋的相对影响程度。

假设5：发展中国家环境规制通过弱化大企业规模的支付能力，进而对工业劳动力收入产生负面影响。

二、基于内在机制的计量模型构建与说明

（一）环境规制对劳动力收入影响的模型构建

根据"向底线赛跑假说"（Dua & Esty，1997），某地人均收入水平越低，地方政府越有可能竞相降低环境规制水平以吸引更多的产业迁入或提高产业竞争力，即环境规制在某种程度上内生于人均收入的变化，同时，考虑当期收入依赖于上一期收入，本部分引入收入项的滞后一期以避免模型设置可能出现的偏误。在此基础上，本部分借鉴柯尔等（2004）的思路，构建环境规制对劳动力收入直接效应的动态模型如下：

$$\ln WAGE_{it} = \alpha_0 + \alpha_1 \ln WAGE_{i,t-1} + \alpha_2 \ln ER_{it} + \alpha_3 (\ln ER_{it})^2 + \alpha_4 \ln RD_{it}$$
$$+ \alpha_5 \ln FDI_{it} + \alpha_6 \ln TRA_{it} + \alpha_7 \ln GM_{it} + \varepsilon_{it} \qquad (5.1)$$

其中，i 代表工业行业，t 代表时期，WAGE 代表各工业行业工资，以衡量劳动力收入水平，RD 代表研发投入，TRA 代表贸易比较优势，FDI 代表外商直接投资，GM 代表企业规模，ER 代表行业污染排放强度，以衡量环境规制力度，一般污染物排放强度越大，行业环境规制力度越强。

同时，本部分结合国内外环境规制主要影响因素研究，并在第二部分对环境规制通过研发投入、贸易比较优势、FDI、企业规模渠道影响劳动力收入的基础上，分别构建了环境规制与研发投入、贸易比较优势、FDI、企业规模等变量的交互项，以中国为样本考察环境规制对劳动力收入的间接影响效应，测度模型如下：

$$lnWAGE_{it} = \beta_0 + \beta_1 lnWAGE_{i,t-1} + \beta_2 lnER_{it} \times lnRD_{it} + \beta_3 lnER_{it} \times lnTRA_{it}$$
$$+ \beta_4 lnER_{it} \times lnFDI_{it} + \beta_5 lnER_{it} \times lnGM_{it} + \varepsilon_{it} \qquad (5.2)$$

为保证估计结论的稳健性，本部分同时运用固定效应估计方法（FE）与差分广义矩估计方法（diff – GMM）对上述测度模型进行考察，以 diff – GMM 方法为主，并运用 Sargan 统计量考察工具变量识别的有效性，以及干扰项序列自相关检验 GMM 估计量的一致性。当模型中存在因变量的滞后项和自变量存在内生性的情况下，且面板数据属于大 N 小 T 型时，运用 diff – GMM 和 sys – GMM 方法均能得到一致估计量，同时，与 diff – GMM 方法相比较，sys – GMM 方法需要更多的工具变量，并假设工具变量一阶差分和固定效应不相关，因此，diff – GMM 方法更适用于本部分的模型估计。

（二）环境规制对劳动力收入影响的说明

本部分测度的变量包括环境规制、劳动力收入、研发投入、FDI、贸易比较优势以及企业规模。具体来看：

（1）环境规制。具体测度方法见第三章第二节内容。

（2）劳动力收入。本部分选用工业行业工资衡量劳动力收入，为测度环境规制对异质性劳动力收入影响的差异，进一步将劳动力区分为技术型与非技术型劳动力，由于缺乏技术型劳动力收入数据，运用大中型企业科技人员的劳务费代表技术型劳动力收入，而非技术型劳动力收入则为劳动力人均收入与科技人员人均劳务费的差值。

（3）研发投入。由于研发统计口径的变化，本部分运用大中型工业企业的单位科技活动人员的研发活动经费内部支出占工业行业实际产值的比重，即研发投入强度来表示。

（4）FDI。由于缺乏 FDI 分工业行业数据，本部分运用外资企业产值占工业行业产值的比重表示 FDI 水平。

（5）贸易比较优势。本部分运用 Michaely 指数衡量对外贸易比较优势，计算公式为：$MIC_{it} = \left(EX_{it} / \sum_i EX_{it} \right) - \left(IM_{it} / \sum_i IM_{it} \right)$，其中 EX_{it}、IM_{it} 分别为第 t 期行业 i 出口与进口贸易额。

（6）企业规模。运用行业实际总产值除以行业企业数的比值，即企业的平均产值规模来表示。

由于 2003 年后才开始公布工业分行业工资水平，为了保证数据可得，本部分研究集中于 2003~2012 年，并以 2003 年为基期。各变量数据来自《中国统计年鉴》、《中国工业经济统计年鉴》、《中国劳动统计年鉴》、《中国科技统计年鉴》、《中国环境统计年鉴》各期，此外，进口数据来自联合国统计处的 COMTRADE 数据库中按 SITC Rev. 3 标准分类的行业数据，并参照盛斌（2002）的方法将其转换成与中国工业行业分类标准（CICC）相一致的行业数据，转换后将工业行业归并为 34 个行业类型，剔除"其他采矿业"、"木材及竹材采运业"、"工艺品及其他制造业"、"烟草制品业"、"废弃资源和废旧材料回收加工业"等五个行业。为消除价格波动的影响，本部分分别运用消费物价指数、工业分行业出厂价格指数将分行业工资、研发投入、企业规模以及分行业产值转换成 2003 年不变价。

第二节 环境规制对劳动力收入影响的效应

本部分运用 diff – GMM 方法对环境规制对劳动力收入的直接效应与间接效应进行估计，分别对应方程（5.1）和方程（5.2），并将劳动力进一步细分为技术型与非技术型劳动力，选用 Stata 12.0 软件进行分析。

一、环境规制对劳动力收入影响的直接效应分析

表 5 – 1 为方程（5.1）的估计结果。为方便比较，模型 1、3、5 为运用固定效应估计方法的结果，模型 2、4、6 为运用 diff – GMM 估计方法的结果，如表 5 – 1 所示。

表 5 - 1　　　　　　　　　　　环境规制对劳动力收入的直接效应

变量	全体劳动力		技术型劳动力		非技术型劳动力	
	模型 1 FE	模型 2 diff - GMM	模型 3 FE	模型 4 diff - GMM	模型 5 FE	模型 6 diff - GMM
环境规制的直接收入效应						
ER	- 0.0097	- 0.0255 ***	- 0.0374	- 0.0090	- 0.0148	- 0.0436 **
	(0.125)	(0.002)	(0.189)	(0.875)	(0.321)	(0.043)
ER^2	0.0004	0.0014 ***	0.0017	0.0009	0.0011	0.0031 **
	(0.372)	(0.003)	(0.402)	(0.799)	(0.307)	(0.014)
控制变量						
RD	- 0.0138 **	- 0.0191 ***	0.1782 ***	0.2575 ***	0.0118	- 0.0091
	(0.017)	(0.005)	(0.000)	(0.000)	(0.379)	(0.558)
FDI	- 0.0337 ***	- 0.0425 ***	- 0.0814 *	- 0.1690 *	- 0.0024	- 0.0304
	(0.001)	(0.000)	(0.072)	(0.060)	(0.9173)	(0.164)
TRA	0.1852	0.4668 **	- 1.854 **	- 0.9941	0.1855	0.9363
	(0.346)	(0.020)	(0.037)	(0.276)	(0.6846)	(0.206)
GM	0.0491 ***	0.0448 ***	0.1875 ***	0.1715 ***	0.0851 ***	0.0832 **
	(0.000)	(0.002)	(0.000)	(0.001)	(0.000)	(0.012)
WAGE(-1)	0.9512 ***	0.9614 ***	0.3115 ***	0.2094 ***	0.8815 ***	0.8984 ***
	(0.000)	(0.000)	(0.000)	(0.005)	(0.000)	(0.000)
Cons	- 0.1914 **		1.4722 ***		- 0.4196 *	
	(0.037)		(0.000)		(0.062)	
AR（1）		- 3.24		- 3.14		- 2.82
		(0.001)		(0.002)		(0.005)
AR（2）		- 0.13		0.03		- 1.34
		(0.899)		(0.974)		(0.18)
Sargan		173.18		191.22		147.74
test		(0.761)		(0.849)		(0.557)
样本	306	272	306	272	306	272

　　注：* 、** 、*** 分别表示 10%、5% 和 1% 的显著性水平；回归系数括号里的数为 p 统计量，AR、Sargan test 括号里的数分别为 prob > z、prob > chi2、prob > chi2 的值；在 diff - GMM 估计中，回归中的前定变量为 lnWAGE$_{i,t-1}$，内生变量为 ER、ER^2，其余为外生变量。

从表 5 - 1 结果来看，Sargan test 的 P 值在 0.55~0.85 之间，接受原假设，即工具变量的选择是合理有效的。AR（1）与 AR（2）表明 diff - GMM 估计拒绝干扰项不存在一阶序列相关的零假设，而接受干扰项无二阶序列相关的零假设，因此，工具变量的选择是有效的，且 GMM 估计量是一致的。

从环境规制变量系数来看，工业行业全体劳动力和非技术型劳动力类型环境规制变量的一次项系数为负，二次项系数为正，且在 5% 的统计水平上显著，而技术型劳动力类型环境规制一次项和二次项系数均不显著。这表明随着环境规制力度的逐渐增强，环境规制对工业行业全体劳动力收入和非技术型劳动收入会产生先抑制后促进的作用，即环境规制和劳动力收入之间呈现 U 型的关系，环境规制对劳动力收入的影响存在门槛效应，而对技术型劳动力收入无明显影响。可能的原因在于，当环境规制力度较弱时，企业会倾向于通过"成本效应"将环境规制成本转嫁至企业产出价格，市场需求随之减少，或者通过环境规制成本对生产资本的挤出，从而降低企业对劳动力的支付能力，而非直接进行污染治理活动；当环境规制力度逐渐加强，企业会倾向于通过"要素替代效应"选择生产末端污染治理，由于中国现阶段劳动力收入整体水平较低，企业生产末端的污染治理方式偏向劳动密集型，即企业会加强对生产末端污染排放的监测和治理，或减少物质资本和能源的消耗，两种污染治理方式均可能增加企业单位产出的劳动力投入，从而促进劳动力收入的提升；进一步从技术型劳动力类型来看，技术型劳动力收入与研发投入相关，只有当环境规制力度达到较高水平时，污染治理的高成本才可能倒逼企业通过增加研发投入实现生产过程的清洁化，或者环境规制高成本挤占研发投入，从而导致技术型劳动力收入的变化，而中国现阶段环境规制力度还未达到这一门槛值，其根本原因在于财政分权体制下地方政府缺乏实施高强度环境规制的动力，进而对技术型劳动力收入的影响不明显。

从控制变量系数来看，全体劳动力研发投入系数在 1% 的水平上显著为负，且技术型劳动力类型研发投入系数在 1% 的水平上显著为正。这表明研发投入不利于全体劳动力收入的提高，而研发投入的增加能促进技术型劳动力收入的上升。原因可能在于研发资本的积累和投入挤占了生产资本的投入，且多年来中国技术研发路径选择一直偏向资本密集型技术，不利于劳动力需求的增长及收入的提升。此外，技术型劳动力收入与研发投入相关，研发投入的增加能直接增加参与研发活动的技术型劳动力收入；全体劳动力和技术性劳动力类型的 FDI 系数均显著为负，表明外资引进不利于劳动力收入水平的提高。存在负面效应的可能原因在于，当 FDI 企业与内资企业技术差距悬殊（Acemoglu et al. , 2002），FDI 企业对内资企业的技术溢出效应不明显，内资企业自主研发在明显缺乏竞争实力的情况下，可能被迫将资本锁定在全球生产网络的低端价值环节，同时，FDI 企业对市场份额的挤占压缩了内资企业的生存空间，降低了内资企业对劳动力的支付意愿与支付能力；全体劳动力的贸易比较优势系数在 5% 的水平上显著为正，该结论表明贸易比较优势的提高能促进劳动力收入的提高。由于长期存在的劳动力成本优势，中国贸易比较优势体现为劳动力密集型产品，而劳动力密集型产品优势的增强有利于劳动力收入的提高；所有模型企业规模变量系数均在 1% 的水平上显著为正，表明企业规模扩大有利于劳动力收入提升。与小规模企业相比，大规模企业在提升劳动力收入方面存在以下优势：具有较强的支付能力与自主研发实力；劳动生产率变化中的规模经济效应；资本闲置成本较高引致效率工资等。

二、环境规制对劳动力收入影响的间接效应

表 5 - 1 的分析表明，工业行业的劳动力收入会受到环境规制、研发投入、FDI、企业规模等因素的影响。为进一步考察在环境规制约束下，上述各因素对劳动力收入的影响是否会发生变化？对不同类型劳动力收入的影响是否存在差异？本部分对方程（5.2）进行回归，类似地，模型 1、3、5 为运用固定效应估计方法的结果，模型 2、4、6 为运用 diff - GMM 估计方法的结果，结果如表 5 - 2 所示。

表 5 - 2　　　　　　　　环境规制对劳动力收入的间接效应

变量	全体劳动力		技术型劳动力		非技术型劳动力	
	模型 1 FE	模型 2 diff - GMM	模型 3 FE	模型 4 dif - GMM	模型 5 FE	模型 6 diff - GMM
环境规制的间接收入效应						
ERD	- 0.0041 ***	- 0.0043 ***	0.0248 ***	0.0344 ***	- 0.0005	- 0.0026
	(0.002)	(0.007)	(0.000)	(0.002)	(0.858)	(0.418)
EFDI	- 0.0017	0.0025	- 0.0213 *	- 0.0966 ***	- 0.0037	0.0112
	(0.505)	(0.586)	(0.073)	(0.000)	(0.519)	(0.122)
ETRA	- 0.0103	0.0008	0.0732	0.2243	- 0.0741	0.0407
	(0.721)	(0.978)	(0.593)	(0.148)	(0.248)	(0.395)
EGM	- 0.002 ***	- 0.0028 ***	- 0.0166 ***	- 0.0260 ***	0.0005	0.0033
	(0.007)	(0.008)	(0.000)	(0.000)	(0.788)	(0.169)
控制变量						
WAGE(-1)	1.0043 ***	1.0127 ***	0.7460 ***	0.6652 ***	0.9814 ***	1.0045 ***
	(0.000)	(0.000)	(0.000)	(0.000)	(0.000)	(0.000)
Cons	0.0700		2.6206 ***		0.2647 *	
	(0.335)		(0.000)		(0.073)	
AR（1）		- 3.07		- 3.08		- 2.84
		(0.002)		(0.002)		(0.005)
AR（2）		- 0.36		1.64		- 1.30
		(0.718)		(0.180)		(0.194)
Sargan		140.38		101.20		77.71
test		(0.793)		(0.548)		(0.494)
样本	306	272	306	272	306	272

注：同表 5 - 1。

　　表 5 - 2 中的 Sargan test 的 P 值在 0.49 ~ 0.80 之间，接受原假设，表明工具变量的选择是合理有效的。AR（1）与 AR（2）表明

随机干扰项存在一阶序列相关性，而不存在二阶序列相关性。因此，表 5-2 中的模型识别是有效的，且 diff-GMM 估计量的结果是一致的。

通过对环境规制与研发投入、FDI、贸易比较优势以及企业规模等解释变量的交互项同劳动力收入之间的关系进行考察发现，从全体劳动力影响系数来看，在环境规制约束下，除 FDI 系数、贸易比较优势系数不显著，即环境规制对 FDI 的收入效应和对外贸易比较优势的收入效应没有明显影响，而环境规制通过 FDI、贸易比较优势渠道对劳动力收入的影响，主要与要素禀赋和环境治理成本的相对影响程度有关，由此可知，要素禀赋的影响大于环境治理成本的影响，"污染避难所假说"在中国并不成立；研发投入系数符号基本不变，这表明环境规制会促进企业绿色技术的研发投入，企业研发投入的增长进一步挤占了企业利润和生产资本积累，降低了企业对劳动力收入的支付能力，从而强化了研发投入对劳动力收入的挤出效应；企业规模系数符号发生了明显变化，说明环境规制明显改变了企业规模对劳动力收入的影响，进而对劳动力收入产生负面效应，这与假设 5 的理论预期类似。可能原因在于，环境治理成本的增加会同时企业市场规模与生产规模，进而导致劳动力总需求水平的下降，这表明环境规制约束可能通过企业规模的收入效应减少劳动力收入。

第三节　小结与启示

一、主要结论

环境规制不仅会直接影响劳动力收入，还会通过研发投入、FDI、对外贸易以及企业规模等因素间接影响劳动力收入水平。本部分选用 2003~2012 年中国 34 个工业行业面板数据，运用 diff-GMM 方法考察了环境规制对工业行业异质性劳动力收入影响的双重效应。研究结论显示：

1. 环境规制对劳动力收入的影响与环境规制力度密切相关，环境规制与劳动力收入之间存在 U 型的变动关系。当环境规制力度还未跨越门槛值，企业通过"成本效应"转嫁成本，而非实施环境治理活动，而当环境规制力度跨越门槛值后，企业会选择生产末端污染治理方式，或生产过程污染治理方式实施环境治理，两种方式均能使环境规制对劳动力收入的负面效应转向正面效应。

2. 环境规制间接效应主要通过研发投入和企业规模渠道产生影响，而环境规制通过 FDI 和贸易比较优势渠道的影响并不明显。具体来看，环境规制能强化企业绿色技术研发投入，降低企业利润和生产资本积累，进而形成对劳动力收入的挤出效应；环境规制还会明显改变企业规模对劳动力收入的影响方向，原因在于环境规制成本削弱市场规模与生产规模的"成本效应"，从而抑制企业规模对劳动力收入的正面效应。

3. 环境规制对劳动力收入的影响存在劳动力异质性。环境规制对非技术型劳动力收入的影响方向与全体劳动力的考察结果基本一致，但对技术型劳动力收入的影响迥异。

二、政策启示

根据上述研究结论，本部分认为：环境规制与劳动力收入之间的关系并不矛盾。当环境规制力度达到一定程度时，企业选择实施环境污染治理活动，考虑到中国现阶段劳动力成本较低，企业会优先选择低成本的劳动力参与环境污染治理活动，有利于劳动力需求及收入水平的提高，反而当环境规制力度较弱时，企业会直接将环境规制成本转嫁至生产成本，进而降低企业利润和对劳动力的支付能力。因此，政府应适度提高环境规制力度，并切实保障环境规制的实施和监督，避免地方政府官员在任期内扩大工业规模而引致的环境规制软化；在研发投入方面，借鉴发达国家的环保投入经验，当环保投入占 GDP 比重达 3% 时，才能改善环境质量，然而，国家统计局数据显示，

2012 年全国环保投入占 GDP 的比重为 1.59%，距离 3% 的投入比重仍然存在较大的差距，因此，政府应加大公共财政环保投入力度，提升环保支出结构中大规模企业自主研发补贴的投入比重，减少企业研发资本积累对生产资本的挤占，以降低环境规制通过研发投入、企业规模对劳动力收入的负面效应。

第六章

环境规制对工业劳动生产率
影响的实证研究

　　本章以经济增长理论、环境库兹涅茨曲线为基础，通过理论模型构建考察环境规制对劳动生产率影响的内在机制，并运用 2001 ~ 2012 年中国省际工业面板数据进一步验证环境规制对工业劳动生产率变动及其分解因素的影响效应。

第一节　理论与实证模型构建

　　回顾环境规制的劳动力效应文献，可知环境规制对劳动生产率的影响通过环境规制成本、生态环境质量的变化来实现。具体来看，环境规制成本的内化可能会影响劳动力收入，进而改变劳动生产率，该路径的影响方向与企业环境治理活动的方式有关，同时，生态环境质量提升可能改善劳动力健康状况，从而促进劳动生产率的改进。本部分将沿袭环境规制通过环境规制成本内化、生态环境质量变动影响劳动生产率的两条路径，进行较为深入的探讨。其中，从环境规制成本内化的影响路径来看，环境规制对劳动生产率的影响效应包括成本效应和替代效应，而从生态环境质量变动的影响路径来看，环境规制对劳动生产率的影响效应包括成本效应和配置效应。

一、环境规制通过规制成本内化影响劳动生产率的内在机制

(一) 基本假设

1. 假设一国或地区工业有 I 个省市区，每个省市区设定为 i，且 i∈I，Y_{it} 代表 t 时刻省市区 i 的产出，各省市区企业同质，代表性企业生产过程的投入要素包括劳动 L_{it}、资本 K_{it}，生产函数满足稻田条件，即产出对要素投入的一阶导数非负，二阶导数大于 0，且当要素投入数量趋近于无穷大时，一阶导数取值为 0，则代表性企业的生产函数设定如下：

$$Y_{it} = F(K_{it}, L_{it}) \qquad (6.1)$$

2. 根据环境库兹涅茨曲线理论，环境污染强度会随着经济增长呈现倒 U 型的变动规律，即表现出先增长后减少的变化趋势。本部分设定环境污染强度与产出规模相关，则环境污染强度的表达式如下：

$$P_{it} = \theta \cdot Y_{it} \qquad (6.2)$$

式 (6.2) 中，P_{it} 为环境污染强度，参数 θ 为产出水平对环境污染强度的影响系数，当经济增长尚未跨越环境库兹涅茨曲线拐点对应的产出水平时，其取值大于 0，而当经济增长一旦跨越环境库兹涅茨曲线拐点对应的产出水平，其取值小于 0。

3. 假设生产成本不仅包括投入要素成本，还包括环境规制成本，则生产成本与资本、劳动力以及环境污染强度相关，则代表性企业的成本函数设定如下：

$$C_{it} = C(K_{it}, L_{it}, P_{it}) \qquad (6.3)$$

式 (6.3) 中生产成本对要素投入的一阶导数大于 0，其二阶导数值的符号不确定，该符号取决于投入要素价格随要素投入增长的变动情况。若要素供给不变，要素投入增长来自企业对要素需求的增长，则要素投入价格上涨，此时二阶导数值大于 0，若要素供给随企业对要素需求同步增长，则要素投入价格保持不变，此时二阶导数值

等于 0，若要素供给增长的幅度大于企业对要素需求增长的幅度，则要素投入价格下降，此时二阶导数值小于 0；除投入要素以外，生产成本对环境污染强度的一阶导数大于 0，这意味着当环境污染强度增加时，企业所承担的环境规制成本会导致企业生产成本增加，其二阶导数大于 0，说明环境污染强度的持续上升会使企业所承担的环境规制成本以及生产成本的相应增长，政府对企业环境污染行为的征税方式是累进式的，这一假设与现实相符。

4. 假设环境规制力度越强，所投入的环境治理成本占生产成本的比重越高，单位产出的污染排放量越少，即环境规制力度与环境污染强度成反比，则环境污染强度引致的劳动力边际产出的变化规律，能间接反映出环境规制力度对劳动力边际产出的变化规律。自 2001 年以来，随着中国环境规制力度的不断强化，单位产出的三废排放量呈现不断减少的趋势，这一假设与本部分随后实证分析所取样本的实际相符合。

（二）利润最大化决策

根据上述假设，代表性企业的生产函数与成本函数为：

$$Y_{it} = F(K_{it}, L_{it}) \tag{6.4}$$

$$C_{it} = C(K_{it}, L_{it}, P_{it}) \tag{6.5}$$

则利润函数为：

$$\pi_{it} = Y_{it} - C_{it}$$

$$= F(K_{it}, L_{it}) - C(K_{it}, L_{it}, P_{it}) \tag{6.6}$$

式（6.6）中，π_{it} 为利润。代表性企业利润最大化需要满足的条件为：

$$\frac{\partial \pi_{it}}{\partial L_{it}} = 0 \tag{6.7}$$

推导过程如下：

$$\frac{\partial F(K_{it}, L_{it})}{\partial L_{it}} = \frac{\partial C(K_{it}, L_{it}, P_{it})}{\partial L_{it}} \tag{6.8}$$

$$F_{L_{it}} = C_{L_{it}} - \theta \cdot C_{P_{it}} \cdot F_{L_{it}} \tag{6.9}$$

$$F_{L_{it}} = \frac{C_{L_{it}}}{1 - \theta \cdot C_{P_{it}}} \qquad (6.10)$$

其中，式（6.9）中的 $F_{L_{it}}$ 为劳动力对产出的一阶导数，$C_{L_{it}}$ 为劳动力对生产成本的一阶导数，$C_{P_{it}}$ 为环境污染强度对生产成本的一阶导数。根据式（6.8）可知，劳动力的边际产出等于劳动力的边际成本，进一步结合式（6.9），等式右边第一项代表劳动力的边际成本包含企业对劳动力的支付成本，第二项代表增加一单位劳动力引致的产出增长所带来的环境规制成本。由此可知，环境污染强度主要通过生产成本的提高间接影响劳动生产率，而对企业产出不存在直接影响。

式（6.10）应该满足的条件为：

$$1 - \theta \cdot C_{P_{it}} > 0 \quad \text{即} \quad C_{P_{it}} < \frac{1}{\theta} \qquad (6.11)$$

式（6.11）意味着当企业所承担的环境税负成本大于 $\frac{1}{\theta}$ 时，企业会选择停止排放污染物。以式（6.11）为基础，本部分进一步求解企业产出对环境污染强度的导数，对式（6.11）的等式两边对环境污染强度求导。$\frac{\partial F_{L_{it}}}{\partial P_{it}}$ 为增加一单位环境污染强度对劳动力边际产出的影响，并以劳动力边际产出表征劳动生产率，分解后的一项表示环境污染强度的变化所引致的要素投入比例的变动，反映投入要素之间的替代效应，另一项表示环境污染强度通过边际成本的变化影响劳动生产率，反映环境污染强度的成本效应。从替代效应来看，环境规制引致的环境污染强度的降低，可通过降低对物质资本、能源资源投入的途径实现，或者通过生产末端污染治理活动中涉及的环境监督和设备维修途径实现，这两条途径均会导致企业选择用劳动力要素替代其他投入要素，即劳动力人均资本存量降低，从而抑制劳动生产率的提高，此时替代效应为负，然而，生产末端污染治理活动也可以通过污染处理设备投入得以实现，人均资本存量提高，有利于劳动生产率的提升，此时替代效应为正。从成本效应来看，环境规制成本的内化虽然会降低环境污染强度，但同时也会提升生产成本，产品市场价格随之提高，若该产品市场需求弹性较大，则生产规模随市场需求的变化相应缩小，根据规模经济现象，生产规模的缩小会对劳动生产率带来负面影响，此时成本效应为负，然而，若该产品的市场需求弹性较小，企业为了保持产出水平的相对稳定，需要投入更多的要素包括资本、劳动力等，此时成本效应的变化不明显。因此，从短期来看，环境规制通过环境规制成本内化路径对劳动生产率影响的总效应是不确定的，取决于替代效应和成本效应的影响方向、相对大小。

（三）基于环境规制强度的异质性分析

进一步来看，替代效应、成本效应及其总效应与环境污染强度相关。从替代效应的短期变化来看，环境规制力度越强，企业对物质资本、能源资源的投入越少，会倾向于用更多的劳动力替代其他投入要素，根据要素边际技术替代率递减规律，劳动力对其他要素的替代程度持续减弱，替代效应会趋近于0，同时，生产末端污染治理活动的劳动力要素投入调整对劳动生产率的影响相对较小，因此，替代效应会随环境规制力度的增强而不断趋近于0。从成本效应的短期变化来看，随着环境规制力度的逐渐增强，生产成本不断上升，产品价格继续上调，此时生产规模的变化与产品的市场需求弹性密切相关，若产品的市场需求弹性较大，生产规模的持续缩小会导致成本效应趋近于0，反之，若产品的市场需求弹性较小，成本效应的负面影响与初始状态基本一致。

由于本部分是从静态视角展开的，没有纳入技术创新的动态效应，从短期来看，环境规制对劳动生产率的总效应取决于替代效应与成本效应，并与环境污染强度因素密切相关。

二、环境规制通过生态环境质量影响劳动生产率的内在机制

环境规制通过生态环境质量的变化影响反映劳动力维持身体健康的人力资本投入，人力资本投入的改变又进一步影响劳动供给以及劳动生产率水平。本部分构造模型对环境规制的这一影响机制进行理论

分析。

（一）基本假设

1. 假设一国或地区工业有 I 个省市区，每个省市区设定为 i，且 $i \in I$，Y_{it} 代表 t 时刻省市区 i 的产出，各省市区企业同质，代表性企业生产过程的投入要素包括劳动供给 LS_{it}、资本 K_{it}，生产函数满足稻田条件，同时，根据环境库兹涅茨曲线理论，环境污染强度会随着经济增长呈现倒 U 型的变动规律，设定代表性企业的生产函数和环境污染强度函数如下：

$$Y_{it} = F(K_{it}, L_{it}) \qquad (6.12)$$

$$P_{it} = \theta \cdot Y_{it} \qquad (6.13)$$

式（6.13）中，P_{it} 为环境污染强度，参数 θ 为产出水平对环境污染强度的影响系数，当经济增长尚未跨越环境库兹涅茨曲线拐点对应的产出水平时，其取值大于 0，而当经济增长一旦跨越环境库兹涅茨曲线拐点对应的产出水平，其取值小于 0。

2. 为将生态环境质量对人力资本投入的影响纳入研究框架，本部分借鉴格罗斯曼（Grossman，1972）的方法构建人力资本投资函数，该函数的影响要素包括劳动力为维持身体健康所投入的闲暇、医疗服务、教育资源以及环境污染强度等因素，设定人力资本投资函数如下：

$$H_{it} = H(HT_{it}, HS_{it}, ER_{it}, P_{it}) \qquad (6.14)$$

式（6.14）中，H_{it} 为人力资本投资，HT_{it} 为闲暇，HS_{it} 为医疗服务，ER_{it} 为教育资源，其中，$\frac{\partial H_{it}}{\partial HT_{it}} > 0$，$\frac{\partial H_{it}}{\partial HS_{it}} > 0$，$\frac{\partial H_{it}}{\partial ER_{it}} > 0$，且 $\frac{\partial H_{it}}{\partial P_{it}} < 0$，说明闲暇、医疗服务、教育资源有利于促进人力资本投资的增长，而环境污染强度对人力资本投资存在负面影响。

3. 为反映人力资本投入如何影响劳动供给，本部分构建劳动供给函数，该函数的投入要素包括人力资本投资、劳动力收入两个因素，设定函数如下：

$$LS_{it} = LS(H_{it}, W_{it}) \qquad (6.15)$$

式（6.15）中，LS_{it} 为劳动供给，W_{it} 为劳动力收入，其中，$\dfrac{\partial LS_{it}}{\partial H_{it}} >$

0，$\dfrac{\partial^2 LS_{it}}{\partial H_{it}^2} < 0$，$\dfrac{\partial LS_{it}}{\partial W_{it}} > 0$，说明人力资本投资、劳动力收入的增长有利

于促进劳动供给水平的提高，然而随着人力资本投资的持续增加，人力资本投资对劳动供给的边际贡献程度不断下降。

4. 医疗服务作为人力资本投资的要素，是劳动力再生产的必要投入之一，本部分假设医疗服务这一部分人力资本投资由企业承担，且投资性质与企业再生产投入的物质资本投资性质相同，则医疗服务与物质资本投资均来自于企业的投资，且产品均衡，即企业投资与企业储蓄相等，如下：

$$I_{it} = KI_{it} + HS_{it} \tag{6.16}$$

$$S_{it} = s_{it} \cdot Y_{it} \tag{6.17}$$

$$I_{it} = S_{it} \Rightarrow KI_{it} + HS_{it} = s_{it} \cdot Y_{it} \tag{6.18}$$

式（6.16）~（6.18）中，I 为企业总投资，S 为企业总储蓄，KI_{it} 为物质资本投资，s_{it} 为企业储蓄率。

5. 代表性企业总成本包括物质资本要素成本、环境规制成本、企业承担的医疗服务以及物质资本投资等成本，即总成本函数如下：

$$TC_{it} = C(K_{it}, LS_{it}, P_{it}) + KI_{it} + HS_{it} \tag{6.19}$$

6. 假设环境规制力度越强，单位产出的污染排放量越少，换言之，环境规制力度与环境污染强度成反比，这一假设与随后实证分析的样本相符合。因此，若以劳动力边际产出度量劳动生产率，则环境污染强度对劳动力生产率的影响能间接体现环境规制力度对劳动生产率的影响。

（二）利润最大化决策

根据上述假设，代表性企业的生产函数和成本函数分别为：

$$Y_{it} = F(K_{it}, LS_{it}) \tag{6.20}$$

$$TC_{it} = C(K_{it}, LS_{it}, P_{it}) + KI_{it} + HS_{it} \tag{6.21}$$

则利润函数为：

$$\pi_{it} = Y_{it} - TC_{it}$$

$$= F(K_{it}, LS_{it}) - C(K_{it}, LS_{it}, P_{it}) - KI_{it} - HS_{it} \qquad (6.22)$$

式（6.22）中，π_{it} 为利润。代表性企业利润最大化需要满足的条件为：

$$\frac{\partial \pi_{it}}{\partial LS_{it}} = 0 \qquad (6.23)$$

推导过程如下：

$$\frac{\partial F(K_{it}, LS_{it})}{\partial LS_{it}} = \frac{\partial TC_{it}}{\partial LS_{it}} \qquad (6.24)$$

$$(1 - s_{it})F_{LS_{it}} - C_{LS_{it}} - \theta \cdot C_{P_{it}} \cdot F_{LS_{it}} = 0 \qquad (6.25)$$

$$F_{LS_{it}} = \frac{C_{LS_{it}}}{1 - s_{it} - \theta \cdot C_{P_{it}}} \qquad (6.26)$$

式（6.26）中的 $F_{LS_{it}}$ 为劳动供给对产出的一阶导数，$C_{LS_{it}}$ 为劳动供给对生产成本的一阶导数，$C_{P_{it}}$ 为环境污染强度对生产成本的一阶导数。根据式（6.24）可知，劳动供给的边际产出等于劳动力的边际成本。进一步对式（6.26）的等式两边求环境污染强度的导数，反映了环境规制强度对劳动供给的边际产出即劳动生产率的影响，将环境污染通过劳动力身体健康状况的变化影响劳动生产率的路径纳入模型，求导后包括环境污染强度通过人力资本投资的变化对劳动生产率产生的健康成本效应与健康替代效应。从健康成本效应来看，环境规制因改善生态环境质量而有利于维持劳动力身体健康，医疗服务减少而劳动供给增长，在企业劳动需求不变的前提下，劳动要素成本减少，进而促使生产规模扩大，根据规模经济现象，生产规模的扩大会使劳动生产率相应提高，此时健康成本效应为正。从健康替代效应来看，环境规制对生态环境质量的改进所带来的劳动供给增长及劳动要素成本的降低，会导致劳动要素对其他要素的替代，人均资本存量随之降低，进而对劳动生产率带来负面效应，此时健康替代效应为负。因此，从短期来看，环境规制通过生态环境质量路径对劳动生产率影响的总效应是不确定的，取决于替代效应和收入效应的影响方向、相对大小。

（三） 基于环境规制强度的异质性分析

由于替代效应与成本效应的影响机制在第一部分已展开分析，本部分仅对健康替代效应与健康成本效应进行分析。进一步来看，健康成本效应、健康替代效应及其总效应与环境污染强度相关。从健康成本效应的短期变化来看，环境规制力度越强，生态环境质量改善越显著，劳动力医疗服务越少且劳动供给随之增长，由于短期内劳动供给是有限的，因此，劳动供给的增速逐渐变缓，则劳动要素成本变动引致的健康成本效应趋近于0。从健康替代效应的短期变化来看，随着环境规制力度的强化，生态环境质量改善带来的劳动供给增速不断减小，劳动要素成本下降趋慢，则劳动要素对其他要素的替代程度持续弱化，即健康替代效应趋近于0。

此外，从长期来看，环境规制对劳动力边际产出的影响是一个动态变化的过程。与上述静态分析不同，根据环境库兹涅茨曲线理论，不同收入水平地区环境污染强度与经济发展水平的关系呈现倒 U 型曲线的变动规律，当经济发展水平较低时，环境污染强度会随着经济发展水平的提高而不断上升，而当经济发展水平一旦跨越倒 U 型曲线拐点对应的门槛值时，环境污染强度会随着经济发展水平的提升而降低，这一动态变化过程的驱动力来自技术创新。当经济发展水平跨越环境库兹涅茨曲线拐点时，环境规制的高成本会倒逼企业进行技术创新，有利于劳动生产率的提高。技术创新的补偿效应与替代效应、成本效应、健康成本效应以及健康替代效应的区别在于，技术创新并不是自动实现的，也不是一蹴而就的，而是政府环境规制政策、社会公众消费模式、企业发展模式等多种因素长期共同作用的结果，正如"波特假说"认为，严格的环境规制长期内会刺激企业实施技术创新活动，以创新的正面效应补偿成本增长可能带来的负面效应。

总的来看，本部分是从静态视角展开的，没有纳入技术创新的动态效应，从短期来看，环境规制对劳动生产率的总效应取决于替代效应、成本效应、健康成本效应以及健康替代效应，并与环境污染强度因素密切相关，而从长期来看，技术创新的补偿效应会抵消上述四种效应可能带来的负面影响，使总效应为正，这一转变与经济发展水平因素密切相关。

三、基于内在机制的计量模型构建与说明

（一）环境规制对劳动生产率及其分解因素影响的计量模型构建

由上述理论分析可知，环境规制通过环境规制成本与生态环境质量两条路径、四种效应影响劳动生产率，这两条路径、四种效应的影响方向、影响大小与环境规制力度、经济发展水平等因素密切相关。具体来看，这四种效应会导致生产规模的变化、生态要素之间的相互替代，进而推动技术效率的改进，而且一旦经济跨越环境库兹涅茨曲线的拐点，较高强度的环境规制会促使企业实施环境污染治理活动，包括生产末端的污染处理活动和生产过程的清洁技术创新活动，均有利于促进技术进步。其中，替代效应与健康替代效应还会通过改变生产要素之间的替代关系影响资本深化程度。本部分在对环境规制对劳动生产率的不同影响路径进行实证分析的基础上，进一步考察环境规制对劳动生产率分解出的全要素生产率和资本深化程度的影响。考虑到环境库兹涅茨曲线的倒 U 型变动规律，即环境污染强度随经济发展呈现先增大后减小的变动规律，且环境规制强度与环境污染强度在样本期间表现为反向变动关系，本部分在式（6.27）中纳入环境规制变量的平方项，以反映环境规制强度随区域经济发展水平变化的非线性关系，同时，为避免遗漏变量可能导致的估计偏误，本部分在下述模型中引入因变量的滞后一期。如下：

$$\ln LP_{it} = \alpha_0 + \alpha_1 \ln ER_{it} + \alpha_2 (\ln ER_{it})^2 + \alpha_3 \ln H_{it} + \alpha_4 \ln W_{it} + \alpha_5 \ln EDU_{it}$$
$$+ \alpha_6 \ln K_{it} + \alpha_7 \ln FDI_{it} + \delta \ln LP_{i,t-1} + \varepsilon_{it} \tag{6.27}$$

式（6.27）中，i 为各省市区，t 为时间，LP 为劳动生产率，ER 为环境规制，H 为劳动力身体健康程度，W 为劳动力收入水平，EDU 为受教育水平，K 为固定资本存量，ε 为随机扰动项。为体现环境规

制通过生态环境质量影响劳动力身体健康状况，进而改变劳动生产率的间接影响效应，本部分构建劳动力身体健康变量与环境规制变量的交互项，对式（6.27）进行拓展如下：

$$\ln LP_{it} = \beta_0 + \beta_1 \ln ER_{it} + \beta_2 (\ln ER_{it})^2 + \beta_3 \ln H_{it} \cdot \ln ER_{it} + \beta_4 \ln W_{it}$$
$$+ \beta_5 \ln EDU_{it} + \beta_6 \ln K_{it} + \beta_7 \ln FDI_{it} + \rho \ln LP_{i,t-1} + \varepsilon_{it} \quad (6.28)$$

以式（6.27）为基础，进一步考察环境规制对全要素生产率 A、资本深化程度 k 的影响，得到：

$$\ln A_{it} = \gamma_0 + \gamma_1 \ln ER_{it} + \gamma_2 (\ln ER_{it})^2 + \gamma_3 \ln H_{it} + \gamma_4 \ln W_{it} + \gamma_5 \ln EDU_{it}$$
$$+ \gamma_6 \ln K_{it} + \gamma_7 \ln FDI_{it} + \theta \ln A_{i,t-1} + \varepsilon_{it} \quad (6.29)$$

$$\ln k_{it} = \lambda_0 + \lambda_1 \ln ER_{it} + \lambda_2 (\ln ER_{it})^2 + \lambda_3 \ln H_{it} + \lambda_4 \ln W_{it} + \lambda_5 \ln EDU_{it}$$
$$+ \lambda_6 \ln K_{it} + \lambda_7 \ln FDI_{it} + \pi \ln k_{i,t-1} + \varepsilon_{it} \quad (6.30)$$

（二）环境规制对劳动生产率及其分解因素影响的说明

方程（6.27）~（6.30）中的变量包括劳动生产率、环境规制、劳动力身体健康程度、劳动力收入、受教育水平、资本存量、全要素生产率以及资本深化程度。具体来看：

（1）劳动生产率（LP）。本部分运用各省市区年末就业人员人均 GDP 来衡量。

（2）环境规制（ER）。本部分运用工业行业三废排放物标准值的加权平均的倒数表示，具体度量方法见第三章第二节。

（3）劳动力身体健康程度。以往相关环境污染与劳动力身体健康关系的文献主要集中于流行病学等医学领域研究，本部分借鉴国外学者提出的宏观健康生产函数，运用各省市区人口死亡率作为劳动力身体健康程度的衡量指标。

（4）劳动力收入。本部分运用各省市区劳动力工资水平来衡量。

（5）受教育水平。本部分运用平均受教育年限法衡量，平均受教育年限 = 6a + 9b + 12c + 16d，其中的 a、b、c、d 分别代表小学、初中、高中、大专及以上等不同受教育年限对应的就业人数构成比例，即各省市区年末就业人员受教育存量。

（6）资本存量。本部分选用工业固定资产净值表示，即扣除了累积折旧的固定资产原价，并运用固定资产投资价格指数对名义资本存量进行调整。

（7）全要素生产率。本部分运用数据包络分析法中的 DEA – Malmquist 指数进行衡量，具体度量方法见第三章第二节。

（8）资本深化程度。本部分运用各省市区年末就业人员人均资本存量来衡量。

（9）国外资本。本部分运用各省市区实际外商直接投资额表示。

基于数据的可得性与统计口径的一致性，本部分将重庆并入四川，并选择以 2001～2012 年中国 28 个省市区为研究样本。各变量数据来自《中国统计年鉴》、《中国劳动统计年鉴》、《中国人口和就业统计年鉴》、《中国环境统计年鉴》、《中国能源统计年鉴》各期。所有变量转换成 2001 年不变价，其中，国内资本存量均按固定资产投资价格指数换算，工资水平按消费物价指数转换，工业产值按工业品出厂价格指数进行换算。

第二节　环境规制对劳动生产率影响的效应

本部分运用 sys – GMM 方法对环境规制对工业劳动生产率的总效应及其间接效应进行估计，分别对应方程（6.27）～方程（6.30），并将样本区分为不同收入地区以考察环境规制对劳动生产率影响的区域异质性，选用 Stata 12.0 软件进行分析。

一、环境规制对劳动生产率及其分解因素的影响

表 6 – 1 为全国层面环境规制对工业劳动生产率及其分解因素的影响分析，具体来看，模型 1 与模型 2 分别为环境规制对工业劳动生产率的整体及其间接路径的影响效应，对应方程（6.27）与方程（6.28），模型 3 与模型 4 分别为环境规制对分解因素全要素生产率、资本深化程度的影响效应，对应方程（6.29）与方程（6.30）。

从表 6 – 1 的估计结果来看，Sargan test 的 P 值在 0.25 ~ 1 之间，接受原假设，即工具变量的选择是合理有效的。AR（1）与 AR（2）表明 sys – GMM 估计拒绝干扰项不存在一阶序列相关的零假设，而接受干扰项无二阶序列相关的零假设，因此，工具变量的选择是有效的，且 GMM 估计量是一致的。模型 1 与模型 2 的环境规制一次项系数明显为正，二次项系数明显为负，且均在 1% 的水平上显著，同时，模型 2 中的环境规制与身体健康程度的交互项系数并不显著。这一现象说明全国层面的环境规制对工业劳动生产率存在倒 U 型曲线的动态关系，即先促进后抑制的变动关系，且环境规制主要通过环境规制成本内化路径对工业劳动生产率产生影响。原因可能与摩根斯特纳等（2002）的思路一致，环境规制对工业劳动生产率的影响存在双重“门槛效应”：当环境规制强度较低时，即环境规制成本占工业企业生产成本比重较低时，工业企业短期内不会选择环境污染治理活动，而是将部分规制成本转嫁至生产要素，由于劳动力要素供给相对丰富，企业对劳动力支付的减少不会导致劳动力供给的大幅度降低，因此企业会倾向于将部分规制成本更多地转嫁至劳动力要素，劳动力收入降低，同时单位产出的劳动力投入也随之降低，此时主要表现为环境规制的替代正效应，工业劳动生产率上升；然而，当环境规制强度跨越第一门槛水平时，即环境规制占工业企业生产成本较高时，工业企业会选择生产末端环境污染治理活动，考虑到中国劳动力低成本优势，工业企业在环境污染治理活动中会倾向于投入较多的劳动力要素，此时主要表现为环境规制的替代负效应，在产品市场需求保持稳定的条件下，以劳动力人均产出表征的劳动生产率下降；进一步来看，当环境规制强度持续上升并超越第二门槛水平时，环境规制的高成本会倒逼企业将环境治理活动从生产末端的污染治理转移到生产过程的清洁创新，类似地，由于中国劳动力成本相对较低，企业在生产过程的清洁创新活动中会倾向于投入更多的技术型劳动力，而不同工业行业技术型劳动力的劳动生产率一般高于非技术型劳动力，这意味着清洁技术创新活动导致的产出增长大于技术型劳动力投入量增长，此时环境规制的成本正效应大于替代负效应，环境规制对工业企业劳动生产率可能存在正面促进作用。模型3以工业企业全要素生产率作为因变量，其环境规制一次项系数为正，且达到5%的显著性水平，二次项系数为负，显著性水平仅为15%，说明适度的环境规制成本压力能促进工业企业技术效率的改善，但当环境规制成本压力超过一定水平，较高的环境规制成本可能会挤出工业企业研发投入，从而对技术进步带来负面影响。模型4以工业企业资本深化程度为因变量，其环境规制一次项系数在15%的水平上显著为正，环境规制二次项系数为负但不显著，与上述分析类似，适度的环境规制会形成资本对劳动力的要素替代，从而促使劳动力人均资本即资本深化程度提高。此外，模型2中环境规制与身体健康程度的交互项系数为负，但不显著，这表明环境规制通过生态环境质量路径对劳动生产率的影响效应并不明显，该实证研究的结论与预期结论差异较大，前文分析发现环境规制能通过提高生态环境质量来改善劳动力身体健康程度，进而促进劳动生产率增长，但实证研究的结论却未得到预期的结论，导致这一结果的主要原因可能在于表征劳动力身体健康程度的替代指标选择方面，本部分以死亡率作为替代指标，该指标包含除环境污染以外的其他原因如食品安全等导致的死亡情况，也不能充分反映环境污染引致的呼吸系统、心血管疾病的发病情况，比较而言，平均寿命期限是相对较好的替代指标，但我国仅正式公布了1990年、2000年以及2010年等少部分年份的平均寿命期限数据，缺少完整、连续的数据。因此，还不能根据这一实证结论断定生态环境质量这一路径影响的显著程度，需要进一步选择更准确、可获得的环境污染引致的身体健康程度替代指标加以印证。

从控制变量估计系数来看，表6-1中模型1的身体健康程度系数在5%的水平上显著为负，表明全国层面死亡率的降低能明显推动工业企业劳动生产率的增长。模型1、模型2以及模型4的劳动力工资变量的系数均在1%的水平上显著为正，而模型3的系数不明显，说明劳动力收入的相对增长会导致企业在生产过程中运用其他要素替代劳动力，从而促使单位产出的劳动力投入水平下降，即劳动生产率上升。模型1至模型4的受教育程度变量的系数均不显著，说明从全国层面来看，受教育程度的提高并不能明显促进工业劳动生产率的提升，这与国内外大多数相关文献的研究结论类似，劳动力教育程度的提升到劳动力技术、管理水平的提高需要一个过程，短期内无法体现受教育程度对劳动生产率的促进作用。模型1至模型3的资本存量变量系数明显为负，模型4的资本存量变量系数明显为正，说明资本存量的增长会促进工业企业劳动生产率以及资本深化程度的提升，可能原因在于资本投入增长带来的人均资本存量提升有效改善了劳动生产率。模型1、模型2以及模型4的FDI变量系数为负，而模型3的FDI变量系数为正，且均达到1%的显著性水平，说明全国层面FDI对工业企业劳动生产率存在负面影响，其中，FDI能明显改进全要素生产率，而不利于资本深化。产生这一现象的原因可能在于FDI通过示范、模仿以及竞争等渠道的技术溢出效应，实现FDI企业技术向我国本土企业的非自愿扩散，有助于全要素生产率的提高，同时，FDI主要流向劳动密集型产业，不利于人均资本存量整体水平的提高。

表6-1　　全国层面环境规制对工业劳动生产率及其分解因素的影响

	模型1	模型2	模型3	模型4
环境规制对劳动生产率的影响				
ER	0.2297***	0.2830***	0.0143**	0.0259°
	(0.000)	(0.000)	(0.020)	(0.124)
ER^2	-0.0403***	-0.0412***	-0.0032°	-0.0011
	(0.000)	(0.000)	(0.118)	(0.810)
控制变量				
H	-0.1438**		-0.0937	0.2474***
	(0.016)		(0.198)	(0.000)
ER*H		-0.0289		
		(0.454)		
W	1.3620***	1.3722***	-0.0109	0.3267**
	(0.000)	(0.000)	(0.755)	(0.012)

续表

	模型 1	模型 2	模型 3	模型 4
EDU	0.2023	0.2803	0.0717	0.2540
	(0.200)	(0.212)	(0.531)	(0.240)
K	0.1517 ***	0.1570 ***	− 0.0620 **	0.0996 *
	(0.000)	(0.000)	(0.036)	(0.053)
FDI	− 0.0351 ***	− 0.0373 ***	0.0128 ***	− 0.1582 ***
	(0.006)	(0.003)	(0.007)	(0.000)
因变量（−1）	0.0319	0.0251	0.5103 ***	0.5307 ***
	(0.285)	(0.448)	(0.000)	(0.000)
Cons	− 8.8991 ***	− 9.3465 ***	1.0954 ***	− 2.8752 ***
	(0.000)	(0.000)	(0.000)	(0.001)
AR（1）	− 3.24	− 3.25	− 2.21	− 3.10
	(0.001)	(0.001)	(0.027)	(0.002)
AR（2）	2.30	2.33	1.32	2.12
	(0.201)	(0.206)	(0.187)	(0.304)
Sargan	303.52	303.13	256.27	210.41
test	(0.254)	(0.259)	(0.911)	(0.989)
样本	297	297	297	297

注：上标 o、*、**、*** 分别表示 15%、10%、5% 和 1% 的显著性水平；回归系数括号里的数为 P 统计量，AR、Sargan test 括号里的数分别为 prob > z、prob > chi2、prob > chi2 的值；在 sys – GMM 估计中，回归中的前定变量为 $lnLP_{i,t-1}$、$lnA_{i,t-1}$、$lnK_{i,t-1}$，内生变量为 ER、ER^2、W，其余为外生变量。

二、环境规制对劳动生产率影响的区域异质性

根据环境库兹涅茨曲线理论及资源环境脱钩理论可知，环境污染强度与收入水平之间存在密切关联，需要进一步考察环境规制对工业劳动生产率影响的区域差异。表 6–2 中的模型 1、模型 3、模型 5 对应方程（6.27），分别代表高收入、中等收入、低收入地区环境规制

对工业劳动生产率的总效应，模型 2、模型 4、模型 6 对应方程 (6.28)，分别代表高收入、中等收入、低收入地区环境规制对工业劳动生产率的间接效应。

从表 6 - 2 的估计结果来看，Sargan test 的 P 值在 0.5 ~ 0.7 之间，接受工具变量选择合理有效的原假设，同时，AR（1）与 AR（2）表明 sys - GMM 估计拒绝干扰项不存在一阶序列相关的原假设，而接受干扰项无二阶序列相关的原假设。因此，工具变量的选择是有效的，且 GMM 估计量是一致的。表 2 的估计结果显示，高收入地区环境规制对工业劳动生产率的影响效应与中等、低收入地区的影响效应存在较大差异，模型 1 与模型 2 实证结论显示的高收入地区环境规制对工业企业劳动生产率的影响与全国层面的实证结论基本一致，而模型 3 至模型 6 实证结论显示的中等、低收入地区环境规制对工业企业劳动生产率存在促进作用，这一结论差异的可能原因在于中等、低收入地区环境规制强度相对较低，尚未跨越第一门槛水平值，环境规制对工业企业劳动生产率的抑制作用并不明显，此时主要表现为环境规制的替代正效应。

从控制变量估计系数来看，表 6 - 2 中模型 1、模型 3 以及模型 5 的身体健康程度变量系数均显著为负，模型 2、模型 4 以及模型 6 的环境规制与身体健康程度的交互项系数均不明显，表明不同收入地区的身体健康程度以及环境规制通过生态环境质量的改善对工业企业劳动生产率的影响效应与全面层面的研究结论一致。模型 3 至模型 6 的劳动力工资变量系数均在 1% 的水平上显著为正，而模型 1 与模型 2 的该变量系数不明显，说明中等、低收入地区劳动力工资的上升会形成资本对劳动的替代，而高收入地区的影响不明显，导致这一差异的原因在于，工资上涨对劳动生产率的促进作用存在门槛效应，当工资水平较低时，工资上涨能明显推动劳动生产率上升，而当工资超过某一门槛值时，高工资对企业生产成本的压力可能会导致创新投入的减少，进而抑制劳动生产率的增长。模型 1 与模型 2 的受教育程度变量的系数显著，而模型 3 至模型 6 的受教育程度变量的系数均不显著，表明高收入地区受教育程度的提高能显著改进工业劳动生产率，而中等与低收入地区受教育程度的影响效应不明显，原因可能在于相对于中等和低收入地区而言，高收入地区受教育程度较高，其水平已跨越有效人力资本形成的门槛值，受教育程度的提升对工业劳动生产率的提高存在积极的推动作用，这一结论印证了普瑞奇艾特（2001）的观点。模型1、模型2以及模型4的资本存量变量系数明显为正，即中等、高收入地区的结论与全国层面的研究结论基本一致，而模型5与模型6的该变量系数为不太显著，说明低收入地区资本存量的增长对劳动生产率的影响不明显，这可能与低收入地区资本利用的低效有关。模型1至模型6的FDI变量系数与全国层面结论类似。

表6-2　　　　环境规制对工业劳动生产率影响总效应及
间接效应的区域异质性

变量	高收入地区		中等收入地区		低收入地区	
	模型1	模型2	模型3	模型4	模型5	模型6
环境规制对工业劳动生产率的影响						
ER	0.2837***	0.9062	0.2761***	0.3777°	0.3349***	0.7465
	(0.001)	(0.165)	(0.000)	(0.101)	(0.000)	(0.408)
ER^2	-0.0443***	-0.0281**	0.0199	0.0145	0.0231	0.0191
	(0.000)	(0.012)	(0.288)	(0.521)	(0.226)	(0.365)
控制变量						
H	-1.4371**		-0.9807***		-1.2227***	
	(0.021)		(0.000)		(0.006)	
ER*H		-0.4172		-0.0568		-0.2438
		(0.217)		(0.657)		(0.583)
W	0.4140	0.5824	1.2041***	1.3473***	1.5379***	1.4982***
	(0.227)	(0.153)	(0.000)	(0.000)	(0.000)	(0.000)
EDU	2.8466***	2.5953***	-0.0146	0.4021	-0.6540	-0.4187
	(0.000)	(0.001)	(0.982)	(0.520)	(0.281)	(0.508)
K	0.3740***	0.3695***	-0.0820	0.1676**	-0.0850	-0.1459°
	(0.001)	(0.001)	(0.366)	(0.013)	(0.357)	(0.123)

续表

变量	高收入地区		中等收入地区		低收入地区	
	模型 1	模型 2	模型 3	模型 4	模型 5	模型 6
FDI	-0.3638 ***	-0.2872 **	0.0137	-0.0096	-0.1811 **	-0.1428 **
	(0.002)	(0.015)	(0.698)	(0.728)	(0.019)	(0.047)
因变量 (-1)	0.1942	0.2016	0.0866	0.0350	0.3303 *	0.3084 *
	(0.297)	(0.333)	(0.279)	(0.656)	(0.060)	(0.073)
Cons	-4.4748	-7.5683 **	-6.4958 ***	-9.5491 ***	-7.8313 ***	-9.8159 ***
	(0.268)	(0.028)	(0.000)	(0.000)	(0.000)	(0.000)
AR (1)	-1.19	-1.31	-2.65	-2.47	-2.06	-1.38
	(0.003)	(0.036)	(0.008)	(0.014)	(0.040)	(0.015)
AR (2)	-2.21	-2.37	-1.40	-0.78	-2.45	-2.43
	(0.362)	(0.189)	(0.161)	(0.435)	(0.412)	(0.168)
Sargan	43.39	44.89	89.53	83.26	82.31	98.54
test	(0.609)	(0.517)	(0.596)	(0.650)	(0.631)	(0.661)
样本	44	44	44	44	44	44

注：同表 6-1。

表 6-3 中的模型 1、模型 3、模型 5 对应方程（6.29），分别代表高收入、中等收入、低收入地区环境规制对工业全要素生产率的影响，模型 2、模型 4、模型 6 对应方程（6.30），分别代表高收入、中等收入、低收入地区环境规制对工业资本深化程度的影响。

从表 6-3 的估计结果来看，Sargan test 的 P 值在 0.2～0.9 之间，接受工具变量选择合理有效的原假设，同时，AR（1）与 AR（2）表明 sys - GMM 估计拒绝干扰项不存在一阶序列相关的原假设，而接受干扰项无二阶序列相关的原假设。因此，工具变量的选择是有效的，且 GMM 估计量是一致的。表 6-3 的估计结果显示，高收入地区环境规制对工业全要素生产率的影响效应与中等、低收入地区的影响效应的差别较大，而不同收入地区环境规制对资本深化程度的影响不显著。模型1的实证结论显示环境规制对工业全要素生产率的影响呈现倒U型的变化规律，且达到10%的显著性水平，可能原因在于高收入地区劳动力成本相对较高，适当的环境规制强度会促使工业企业以压低其他生产成本为目的不断提高技术效率，有利于全要素生产率的提升，当环境规制强度达到一定程度，较高的环境规制成本反而可能挤出工业企业的研发投入，进而使企业缺少技术进步包括环境技术进步的内在动力，然而，当环境规制强度持续上升并跨越更高门槛水平时，环境规制的高成本才有可能倒逼企业选择生产过程的清洁技术创新活动，此时环境规制通过技术进步促进全要素生产率的改进，这需要进一步设定包含环境规制立方项的模型进行实证分析。中等、低收入地区劳动力成本相对较低，工业企业可能会将大部分环境规制成本转嫁至劳动力，则适度的环境规制对工业企业带来的生产成本压力较小，进而对技术效率的影响不显著。模型4的结论显示，与全国层面的环境规制系数相比，中等收入地区环境规制一次项、二次项系数符号与之相同，显著性水平更高，说明较低收入地区适度环境规制所引致的规制成本更多地转嫁至劳动力，劳动力收入下降，进而导致劳动要素投入量的相对降低，即工业企业资本深化程度提高，而较高收入地区环境规制成本向要素成本转嫁的难度较大，从而对资本深化的影响较小。

表6-3   环境规制对工业劳动生产率分解因素影响的区域异质性

变量	高收入地区		中等收入地区		低收入地区	
	模型1	模型2	模型3	模型4	模型5	模型6
环境规制对工业劳动生产率的影响						
ER	0.0483*	-0.0748	0.0119	0.1227***	-0.0143	-0.0225
	(0.100)	(0.188)	(0.394)	(0.000)	(0.451)	(0.545)
ER^2	-0.0077*	0.0145°	-0.0082	-0.0362°	0.0162°	-0.0038
	(0.059)	(0.131)	(0.481)	(0.103)	(0.138)	(0.824)

续表

变量	高收入地区		中等收入地区		低收入地区	
	模型 1	模型 2	模型 3	模型 4	模型 5	模型 6
控制变量						
H	0.0961	−0.0060	−0.0269	−1.7467***	0.4528	0.2085
	(0.730)	(0.973)	(0.931)	(0.000)	(0.182)	(0.589)
W	0.0280	0.1455	−0.0658	0.4094***	−0.0810	0.2903*
	(0.810)	(0.273)	(0.187)	(0.000)	(0.313)	(0.074)
EDU	0.2521	0.7467	0.1942	−0.4794	−0.3364	−0.1008
	(0.355)	(0.159)	(0.687)	(0.308)	(0.382)	(0.847)
K	−0.0534°	0.1632***	−0.0707	0.3713***	−0.1484***	−0.3257***
	(0.105)	(0.000)	(0.174)	(0.000)	(0.000)	(0.000)
FDI	−0.0111	−0.2358***	0.0181	−0.1848***	0.0760***	−0.0499
	(0.834)	(0.000)	(0.252)	(0.000)	(0.001)	(0.273)
因变量（−1）	0.6132***	0.6646***	0.3600**	0.4245***	0.3669*	1.0906***
	(0.001)	(0.000)	(0.036)	(0.000)	(0.080)	(0.000)
Cons	−0.1404	−2.2548***	1.4668*	−0.3489	2.1398**	−0.4030
	(0.881)	(0.004)	(0.099)	(0.786)	(0.017)	(0.752)
AR（1）	−1.62	−1.37	−2.01	−3.00	−1.05	−1.67
	(0.054)	(0.012)	(0.045)	(0.003)	(0.096)	(0.094)
AR（2）	−1.05	−0.32	0.91	0.26	1.04	0.45
	(0.165)	(0.648)	(0.365)	(0.797)	(0.300)	(0.656)
Sargan	23.90	86.10	72.37	64.71	87.69	82.51
test	(0.247)	(0.671)	(0.688)	(0.877)	(0.416)	(0.616)
样本	44	44	44	44	44	44

注：同表 6−1。

第三节　小结与启示

一、主要结论

本部分运用2001～2012年中国28个省级动态面板数据，检验了环境规制对工业劳动生产率的影响，结果如下：

第一，全国层面环境规制与工业劳动生产率之间存在倒U型曲线的动态关系，即环境规制对劳动生产率的影响呈现先促进后抑制的作用，这一变动趋势同环境规制与工业全要素生产率的变动关系类似，同时，环境规制通过生态环境质量变化促进劳动力身体健康程度的改善，进而作用于工业劳动生产率的影响路径不明显。本部分认为中国环境规制对工业劳动生产率的影响存在双重"门槛效应"：当环境规制力度尚未达到门槛值时，环境规制成本部分转嫁至劳动力，单位产出的劳动投入减少，环境规制对工业劳动生产率表现为替代正效应，而当环境规制强度跨越某一门槛值，环境污染治理活动会导致劳动力投入的增长，表现为环境规制对劳动生产率的替代负效应，且这一倒U型曲线的变动关系主要通过环境规制对全要素生产率的影响路径实现。以生态环境质量为中介变量的影响路径的实证结论与预期不一致，可能是反映环境污染导致劳动力身体健康变动的死亡率指标不够精确，而更好的指标如平均寿命期限的数据仅在部分年份公布了数据，缺少完整、连续的数据，因此还不能由此断定该影响路径的间接效应不显著。

第二，环境规制对工业劳动生产率的影响存在区域异质性。从不同收入水平地区来看，高收入地区环境规制对工业劳动生产率的影响与全国层面的研究结论一致，而中等、低收入地区环境规制能明显推动工业劳动生产率的提升。本部分认为中等、低收入地区环境规制强度还未跨越某一门槛值，环境规制内化成本还未倒逼区域内工业企业选择环境污染治理活动，导致环境规制对工业劳动生产率的抑制效应不显著，而高收入地区环境规制水平相对较高，该影响效应随环境规制强度的变化呈现非线性的变动规律。

第三，环境规制对工业劳动生产率分解因素的影响同样存在区域异质性。从不同收入水平地区来看，高收入地区环境规制主要通过全要素生产率变动的路径影响工业劳动生产率，而中等收入地区的结论与之相反，区域内环境规制主要通过人均资本存量变化的路径影响工业劳动生产率。本部分认为，导致这一现象的原因可能在于不同收入地区环境规制成本向劳动力转嫁的难易程度有关，对于较高收入地区而言，环境规制成本的转嫁难度较大，工业企业为压缩成本而改进技术效率，当环境规制强度达到某一门槛值时，较高的环境规制成本可能会挤出研发资本投入，反而抑制技术进步，而当环境规制强度跨越更高的门槛值时，环境规制高成本可能倒逼企业从事生产过程的清洁技术创新活动，此时环境规制才能促进技术进步进而改进全要素生产率，而对于较低收入地区而言，环境规制成本的转嫁较易，工业企业对劳动力成本的支付减少，劳动力投入相对降低，人均资本存量随之增长。

二、政策启示

依据上述主要结论，本部分认为：虽然环境规制强度在介于第一门槛值与第二门槛值之间时，可能会通过研发资本挤出对工业劳动生产率带来负面影响，然而，当环境规制强度一旦跨越第二门槛值，企业会选择生产过程的清洁技术创新活动，结合中国劳动力低成本优势，清洁技术创新可能倾向于投入更多技术型劳动力，此时环境规制通过企业清洁技术创新活动而增加对技术型劳动力的需求，且产出的增长可能高于技术型劳动力投入的增长，进而促进工业劳动生产率的提升。因此，地方政府应切实、稳步、持续提高环境规制强度，特别是对于具备较好研发基础的高收入地区，不能因短期内环境规制的负面影响而软化或回避环境规制。同时，应完善医保制度，加强对环境污染导致的群体性疾病的应对能力，定期监测并公布环境污染数据，以提示社会公众减少出行或出行时加强保护措施。在环境技术创新方面，考虑到环境技术创新的双重外部性，地方政府除了加强对外部性较强、研发难度较大的环境技术予以研发补贴以外，还应尝试搭建产学研用的环境技术创新能力培养平台，确保人力资源、物资设备、研发资本等供应方之间的无缝交流与合作。在受教育程度方面，高收入地区人力资本存量已跨越门槛水平，地方政府应注重对环境污染治理活动所需的技术型劳动力的培养力度，而中等、低收入地区人力资本存量薄弱，地方政府应更多支持基础教育以提升人力资本存量水平。在引进外资方面，地方政府应侧重于投资周期较长、环境技术水平较高的外商投资项目，由于中国环境技术研发实力整体上较为薄弱，地方政府并非一味地选择引进环境技术水平处于前沿的外商投资项目，而是应关注所引进的 FDI 内含的环境技术应与该区域的人力资本存量、研发实力表征的吸收能力的匹配程度。

第七章

主要研究结论与政策建议

"十二五"规划明确将节能减排上升到国家战略层面的高度，将"非化石能源比重提升至 11.4%、单位 GDP 能源强度下降 16%、单位 GDP 二氧化碳强度下降 17%"作为约束性目标纳入国民经济与发展规划，而工业作为主要环境污染物排放源，其产值规模占 GDP 的比重近二十年来始终保持在 40% 左右，"十二五"期间仍处于工业化加速发展的关键阶段，虽然目前还无法做到工业产值规模、能源消费以及污染物排放的绝对量下降，工业行业承受的环境污染物减排压力。同时，规划还明确提出"生态环境质量明显改善"、"就业持续增加"、"收入分配改革"的目标：我国要"坚持把建设资源节约型、环境友好型社会作为加快转变经济发展方式的重要着力点"，同时，"把促进就业放在经济社会发展优先位置"，"城镇居民人均可支配收入和农村居民人均纯收入分别年均增长 7% 以上"，"努力实现居民收入增长和经济发展同步、劳动报酬增长和劳动生产率提高同步"，旨在"促进经济社会发展与人口资源环境相协调，走可持续发展之路"。改革开放以来，中国长期粗放式工业化尤其是重工业的优先发展使生态环境遭到了严重破坏，现阶段中国经济增长的资源与环境约束条件发生明显变化，党的十八大明确指出深化改革是加快经济发展方式转变的关键，而加快转变经济发展方式的重要着力点在于建设资源节约型、环境友好型社会。"十二五"时期工业行业环境污染排放约束性目标的如期完成是否会导致劳动力就业损失？是否会抑制劳动力收入或劳动生产率的提升？若表现为相互对立的关系，如何兼顾工业行业环境污染排放的约束性目标与工业行业劳动力就业、收入以及劳动生产率目标，并加快转变经济发展方式，需要考察环境规制对工业行业劳动力就业、收入以及劳动生产率的影响机制与影响效应。本书以此为切入点，探讨开放经济条件下基于劳动力特征的环境规制政策的转型方向、目标与内容，有利于优化环境规制方式和强度，实现包容性增长条件下环境规制对劳动力的积极效应，实现经济社会和资源环境的可持续发展。本章将在总结前文研究结论的基础上，根据研究结论提出相应的、具体详尽的政策建议。

第一节　主要研究结论

除了环境规制动机、方式以及环境规制竞争的相关研究以外，国内外学者关于环境规制影响的研究主要集中在环境规制对经济发展或生态环境质量的影响方面，具体涉及环境规制对经济增长、贸易模式、FDI 选址以及生态环境质量影响的国内外文献，而环境规制劳动力效应的相关研究包括环境规制对劳动力就业、收入以及劳动生产率的影响，这些研究大多立足于跨国面板或截面数据，以中国为样本对环境规制与劳动力之间关系的相关研究比较有限，且研究结论存在较多的分歧，无法为单个国家提供可靠的参考与借鉴，同时，这些文献均没有系统研究环境规制通过怎样的机制或路径影响劳动力就业、收入以及劳动生产率，也就使相关研究缺乏必要的理论内核。国内外学者的研究为本主题研究奠定了坚实的研究基础，也留下了创新和深入研究的空间，本书基于国内外学者的前期文献，对此研究主题进行了系统、全面、深入的探讨。

一、计量结果的比较分析

（一）劳动力就业规模、结构、收入以及劳动生产率计量指标之间的关系

为全面考察环境规制对劳动力影响的直接效应与间接效应，本部

分不仅要关注环境规制对劳动力就业规模、结构以及劳动力收入的影响，还应考察环境规制通过劳动力就业规模、结构以及劳动力收入的变动如何影响劳动生产率，以进一步分析环境规制对劳动生产率的影响路径及其路径的影响效应。除环境规制影响效应不显著以外，其影响效应大致包括以下几种可能性：

1. 环境规制抑制劳动力就业规模、结构以及劳动力收入的增长，同时有利于促进劳动生产率的上升。此时环境规制强度处于较低水平，环境规制成本占生产成本比重较低，企业会选择直接将环境规制成本转嫁至生产成本，从而降低要素投入成本与研发投入。其中，对于要素投入成本而言，由于中国劳动力要素供给相对丰富，环境规制成本向劳动力要素成本转嫁不会导致劳动要素投入的大规模减少，则企业会倾向于将更多的环境规制成本转嫁至劳动力，进而导致劳动力就业规模以及劳动力收入的减少，对于研发投入而言，环境规制成本带来的生产成本压力会挤出部分研发投入，不利于就业技能结构的提升。进一步来看，在产品市场需求不变的条件下，即产出保持稳定，单位产出的劳动力投入减少，此时以单位劳动力的产出衡量的劳动生产率上升。

2. 环境规制促进劳动力就业规模、结构以及劳动力收入的增长，同时导致劳动生产率下降。此时环境规制强度已跨越第一门槛水平，环境规制成本占生产成本的比重较大，企业会选择实施生产末端的污染治理活动，结合中国劳动力低成本优势，企业会倾向于在生产末端的污染治理活动中投入更多技术型劳动力，加强对污染排放的监测和治理，进而促进劳动力就业规模、结构以及收入的增长。进一步来看，在产品市场需求不变的条件下，单位产出的劳动力投入增加，此时以单位劳动力的产出衡量的劳动生产率下降。

3. 环境规制对劳动力就业规模、结构、收入以及劳动生产率均存在积极的正面促进作用。此时环境规制水平的强度已跨越第二门槛水平，环境规制的高成本倒逼企业通过研发投入实现生产过程的清洁技术创新，考虑到中国劳动力低成本优势，产出的增长伴随着劳动力投入特别是技术型劳动力投入的增长，且产出的增长可能高于劳动力投入的增长，此时以单位劳动力的产出衡量的劳动生产率上升。

上述从环境规制强度的角度分析了环境规制对劳动力影响的三种可能效应，需要补充的是，环境规制强度超过第二门槛水平并不必然导致生产过程的清洁技术创新，清洁技术创新还需要区域内人力资本、研发基础等反映的研发能力水平与之相匹配；环境规制强度提升至这一门槛值也并非一蹴而就的，它是地方政府基于地方环境污染程度、经济发展水平、社会公众环保舆论等多方面因素综合权衡后确定的环境规制水平；考虑到中国的就业刚性现象，第一阶段环境规制对劳动力的负面效应可能会导致劳动力收入的降低，但并不必然导致劳动力就业规模与结构的变化。从劳动力就业规模、结构、收入以及劳动生产率各指标之间的关联来看，要充分发挥环境规制对劳动力的积极效应，不仅需要适度提高环境规制强度，还需要提升区域内环境技术研发能力，实现企业产出与劳动力规模、结构的共同增长。

（二）各指标计量结果的比较

结合第四章至第六章的实证分析结果，归纳如下：

1. 从环境规制对工业劳动力就业规模的影响来看，全国层面环境规制与劳动力就业规模之间为 U 型曲线的动态关系，即环境规制对劳动力就业规模呈现先抑制后促进的影响。进一步考察环境规制对劳动力就业规模影响的区域异质性发现，高收入地区环境规制对就业规模的影响与全国层面的研究结论基本一致，中等收入地区环境规制的就业效应不显著，低收入地区环境规制会明显促进就业规模增长；高教育和中等教育程度地区与全国层面的研究结论类似，低教育程度地区环境规制对就业规模存在显著的正面促进作用。

2. 从环境规制对工业劳动力就业技能结构的影响来看，全国层面环境规制会抑制就业技能结构的提高，进一步按工业行业污染程度进行区分，高污染工业环境规制会明显提升就业技能结构，而低污染工业环境规制对就业技能结构的影响不明显。

3. 从环境规制对工业劳动力收入的影响来看，全国层面环境规制与劳动力收入之间呈现 U 型曲线的变动规律，进一步考察环境规制对劳动力收入影响的劳动力异质性发现，环境规制对非技术型劳动力收入的影响与全国层面的研究结论相似，而环境规制对技术型劳动力的直接影响、间接影响与全国层面的研究结论迥异。

4. 从环境规制对工业劳动生产率的影响来看，全国层面环境规制与劳动生产率之间表现为倒 U 型曲线的动态规律，进一步分析环境规制对劳动生产率影响的区域异质性发现，高收入地区环境规制对劳动生产率的影响与全国层面的研究结论基本相同，而中等、低收入地区环境规制能显著改进劳动生产率。

上述是分别以省际、工业行业为样本的环境规制的劳动力效应分析，分别考察不同劳动力收入、不同受教育程度、不同污染程度以及不同技术熟练程度影响的异质性。

二、环境规制的影响路径分析

（一）环境规制劳动力效应的影响路径

环境规制主要通过"成本效应"与"要素替代效应"对劳动力产生影响，结合各指标之间的关联性，对上述环境规制劳动力效应的影响路径进行深入分析。实证研究发现，环境规制的劳动力效应存在明显的门槛效应，具体分析如下：

1. 当环境规制强度尚未跨越第一门槛水平时，企业会将环境规制成本直接转嫁至劳动力，或形成对研发资本的挤出，抑制了劳动力就业规模、收入以及就业技能结构的提升，同时，由于单位产出的劳动力投入降低，则以单位劳动力产出表征的劳动生产率上升。

2. 当环境规制强度跨越第一门槛水平时，企业会优先选择生产末端的污染治理活动以降低污染成本，考虑到中国劳动力成本相对较低，企业生产末端的污染治理活动会增加对技术型劳动力的需求，劳动力就业规模、收入以及就业技能结构均会随之明显增长，同时，单位产出的劳动力投入增加，则以单位劳动力产出表征的劳动生产率下降。

3. 当环境规制强度持续上升并达到第二门槛水平时，环境规制高成本会促使企业将从事后污染治理的视角转向事前污染预防的视角，并选择实施生产过程的清洁技术创新活动，同样结合中国劳动力低成本优势，与清洁技术相关的研发投入及技术型劳动力投入增长，同时清洁技术创新带来的清洁产品生产规模与市场需求规模也随之扩大，且产出增幅可能大于劳动力投入增幅，则以单位劳动力产出表征的劳动生产率上升，劳动力就业、收入、就业技能结构以及劳动生产率均明显提高。通过环境规制对劳动生产率影响的研究发现，环境规制强度与劳动生产率之间呈现倒 U 型曲线的变动关系，还未表现出环境规制超越第二门槛值的劳动力正面效应，可能原因在于中国大部分地区尚未跨越第二门槛水平，或者地方政府竞争导致的环境规制软化现象，正如现阶段中国经济增长还未跨越倒 U 型环境库兹涅茨曲线的拐点（林伯强和蒋竺均，2009），仅部分沿海经济发达地区已经跨越环境库兹涅茨曲线的拐点。

（二）环境规制劳动力效应的影响因素

本部分进一步考察环境规制劳动力效应的关键影响因素，具体如下：

1. 对于环境规制的就业规模效应而言，环境规制的就业规模效应与不同地区的收入水平、受教育程度相关，收入水平与受教育程度较高地区环境规制的就业规模效应接近全国层面的研究结论，然而，收入水平与受教育程度较低地区环境规制能显著推动就业规模的增长，这一结论与理论预期存在较大差距，原因可能在于由于低收入水平与低教育水平地区大多分布在西部地区，市场化程度不高，因而影响就业的关键因素更多来自地方政府和国有经济等"体制内"层面对就业的干预忽略，若在模型构建中忽略地方政府、国有经济对就业的干预因素，将会导致研究结论的偏误。

2. 对于环境规制对劳动力收入及收入分配的影响而言，环境规制对劳动力收入分配的影响与劳动力熟练程度相关，环境规制对非技术型劳动力收入的影响与工业行业整体层面的研究结论基本一致，而对技术型劳动力收入无明显影响，根本原因在于中国式财政分权体制下地方政府竞争导致地方政府缺乏实施高强度环境规制的动力，进而大部分地区企业缺少实施生产过程的清洁技术创新活动，清洁技术研发投入不足，因此，以中国为样本的实证分析中环境规制对技术型劳动力收入的影响不明显。

3. 对于环境规制的就业技能结构效应而言，环境规制对就业技能结构的影响与环境污染程度相关，低污染工业行业环境规制对就业技能结构的影响与工业行业整体层面的研究结论基本相似，不存在明显的影响，而高污染工业行业环境规制会明显促进就业技能结构的提升，导致这一现象的原因在于，低污染工业行业环境规制力度较低，环境规制力度的提升对生产成本增加的压力有限，对就业技能结构的影响不显著，而相对于低污染工业行业而言，高污染工业行业的环境规制成本占生产成本的比重较高，较高的环境规制力度会通过高成本效应、要素替代效应对就业技能结构带来积极的正面效应。从其间接效应来看，环境规制会弱化出口主导型 FDI 对就业技能结构的积极效应，抑制市场主导型 FDI 对就业技能结构的负面效应，原因可能在于出口主导型 FDI 企业与市场主导型 FDI 企业对外投资目的的差异，其中，出口主导型 FDI 企业以规避母国环境规制高成本为目的，环境规制会减少出口主导型 FDI 规模，进而弱化出口主导型 FDI 的积极效应，而市场主导型 FDI 以市场份额和规模化生产为目的，环境规制会甄别并引进内含技术水平较高的外资，以强化 FDI 技术溢出对劳动力技能结构的提升，抑制了市场主导型 FDI 对就业技能结构的负面影响，此外，东道国环境规制力度的强化未能明显改变东道国产业在全球价值链的分工地位，即通过高能耗、高污染以及低附加值的生产环节逐步向较低能耗、较低污染以及较高附加值的生产环节转移，以提升技术劳动力投入的作用是非常有限的。

4. 对于环境规制的劳动生产率效应而言，环境规制对劳动生产率的影响与不同地区的收入水平相关，高收入地区环境规制对工业企业劳动生产率的影响与全国层面的实证结论类似，且环境规制主要通过全要素生产率的变化影响劳动生产率，而低收入地区环境规制对劳动生产率存在明显的促进作用，且环境规制主要通过人均资本存量变动影响劳动生产率。产生这一差异的原因在于，较高收入地区环境规制成本向投入要素成本转嫁的难度较大，环境规制成本压力转嫁至研发资本积累，进而导致全要素生产率的变动，而较低收入地区环境规制强度还未跨越第一门槛值，环境规制强度较低，企业选择直接将成本转嫁至生产成本而不会选择环境污染治理活动，导致环境规制对工业劳动生产率的抑制作用不明显，并且企业环境规制成本向要素投入成本的转嫁较易，劳动力收入以及劳动力供给水平降低，人均资本存量随之提高，有利于以单位劳动力产出衡量的劳动生产率上升。

第二节　政策建议

一、适度强化环境规制的制定、实施以及监督的力度

结合上述研究结论发现，尽管环境规制最初可能会对劳动力就业规模与结构、劳动力收入以及劳动生产率带来一定的负面影响，但在中国现阶段劳动力低成本的背景下，当环境规制强度跨越较高的门槛水平时，环境规制的高成本会促使企业运用低成本技术型劳动力参与生产末端的清洁操作，或倒逼企业运用低成本技术型劳动力参与生产过程清洁化的研发活动，以规避环境规制高成本的压力，这意味着较弱的环境规制力度会抑制劳动力就业规模与结构、劳动力收入以及劳动生产率的提升，而环境规制的适度强化反而有利于劳动力就业规模与结构、劳动力收入以及劳动生产率的改善。因此，政府应适度提高环境规制力度，涉及环境规制制定、实施以及监督各个环节，以避免出现财政分权下环境规制的失灵。具体来看：

第一，抑制财政分权下地方政府竞争行为对环境规制的干预。在中央与地方政府在事权与财权的分配上，应该相互平衡，尤其是在地方政府主导型的经济下，必须保证地方政府财政收入与支出的相互匹

配，同时，加快转变地方官员的绩效考核机制，将更完善的生态考核指标纳入绩效考核机制，如从 2015 年 1 月 1 日开始实施的《环保法修订案》中明确提出引咎辞职的制度来惩处地方官员在环境规制监督中的违法行为。以法律手段有力避免地方政府官员在任期内存在非完全执行中央政府污染减排目标的动机，为扩大工业规模而竞相"向底线赛跑"，即以牺牲环境为代价过度追求经济增长速度，进而导致财政收支缺口的扩大，形成环境规制的软化现象。

第二，协调环境规制机构的内部权力的运作关系与环境规制机构外部的权力关系，加强环境保护部门在环境规制制定过程中的权威性，执行过程中的独立性，以及非政府组织、公民在环境监督中的作用。自 2008 年环境保护部直属国务院以来，环境保护部参与到环境政策、规划等重大问题的决策过程，从决策过程的影响程度来看，该部门在决策中的话语权处于相对弱势的地位，不利于环境保护部在环境政策制定方面的权威性。同时，我国环境规制体制为双重的管理体制，一方面，地方环境保护部门业务上由国家环保部门领导，而地方环境保护部门的财政资金来源与人事任免等方面依赖于各地方政府，不可能回避地方政府对地方环境保护部门业务的影响，无法保证地方环境保护部门在执行国家环境保护部门业务的独立性；另一方面，国家各部委的环境保护部门不仅受各部委管辖，还受中央环境保护部门管辖，根据我国的行政管理体制，中央环境保护部不能对同一行政管理级别的省级部门或其他国家部委发布具有约束效力的指令，很可能导致同一级别部门对中央环境保护部环境规制业务实施的规避，两方面的因素均会带来环境规制实施的弱化。为此，应从提升环境规制政策制定的权威性与执行的有效性的目的出发，加强环境保护部在环境政策决策过程中的话语权与参与力度，保障环境政策制定的权威性，同时，对环境保护部经费实施独立预算，其人员组织任免权由上一级的环境保护部门依据绩效考核的标准决定，实行中央环境保护部对地方各级环境保护部门的垂直领导，与地方各级政府的影响脱钩。此外，环境规制监督的效力需要来自非政府组织与社会公众的参与，建立环境保护的公众听证制度以及与民间环境保护组织的沟通与协商制度，促使非政府组织与社会公众参与到环境规制的评价、调查过程中，改进官僚中心主义的环境规制绩效评价体系。

二、基于劳动力特征制定的环境规制及相关政策应体现差异性

考虑到环境规制劳动力效应存在劳动力特征的异质性，地方政府应根据不同的收入水平、受教育程度地区以及不同的环境污染程度行业确定适宜的环境规制强度，以最大程度激励环境规制对劳动力的正面效应。

从环境规制制定的差异来看，由于沿海经济发达地区已经跨越环境库兹涅茨曲线的拐点，高收入水平、高教育程度地区可实施较高水平的环境规制力度，倒逼已具备环境技术研发实力的企业实施生产过程的技术创新活动，充分发挥环境规制高成本对该地区就业规模增长的积极效应；由于中低收入水平地区产业结构对就业的吸纳能力不足，限制了环境规制对就业的影响范围，因此这些地区的首要任务是加大对产业结构的调整力度，在合理调整三大产业之间关系的条件下，适度提高第三产业产值占 GDP 的比重，以提高环境规制通过"成本效应"与"替代效应"对就业规模的影响程度；中低教育程度地区除了应扩大对环境技术专业领域的教育投入以外，各地方政府应尝试通过构建环境技术的产学研用平台，避免环境技术研发成果与市场需求脱节所导致的人力资源浪费，提高环境技术的市场转化率，并运用公共财政环保投入对具有良好市场潜力的研发项目予以有效补贴，以培养研发活动所需的技术型劳动力，促使企业从事生产末端的环境污染治理活动。此外，由于不同污染程度的工业行业环境规制的就业技能结构效应存在较大差异，地方政府应着重强化对高污染工业的环境规制力度，以充分发挥环境规制高成本内化对高污染工业就业技能结构改进的积极效应。

从环境规制相关政策制定的差异来看，为促进高成本环境规制对劳动力的积极效应，在环境技术研发投入方面，考虑到环境技术创新的双重外部性，地方政府除了加强对外部性较强、研发难度较大的环

境技术予以研发补贴以外，还应尝试搭建产学研用的环境技术创新能力培养平台，确保人力资源、物资设备、研发资本等供应方之间的无缝交流与合作。借鉴发达国家的环保投入经验，当环保投入占 GDP 比重达 3% 时，才能改善环境质量，然而，国家统计局数据显示，2012 年全国环保投入占 GDP 的比重为 1.59%，距离 3% 的投入比重仍然存在较大的差距，因此，地方政府应加大公共财政环保投入力度，提升环保支出结构中大规模企业自主研发补贴的投入比重，减少企业研发资本积累对生产资本的挤占，以降低环境规制通过研发投入、企业规模对劳动力收入的负面效应；在受教育程度方面，高收入地区人力资本存量已跨越门槛水平，地方政府应注重对环境污染治理活动所需的技术型劳动力的培养力度，而中等、低收入地区人力资本存量薄弱，地方政府应更多支持基础教育以提升人力资本存量水平；在引进外资方面，地方政府应侧重于投资周期较长、环境技术水平较高的外商投资项目，由于中国环境技术研发实力整体上较为薄弱，地方政府并非一味地选择引进环境技术水平处于前沿的外商投资项目，而是应关注所引进的 FDI 内含的环境技术应与该区域的人力资本存量、研发实力表征的吸收能力的匹配程度。相对市场主导型 FDI 而言，虽然出口主导型 FDI 更有利于就业技能结构的提升，但考虑到环境规制对就业技能结构的间接效应，环境规制会明显改变市场主导型 FDI 和出口主导型 FDI 对就业技能结构的影响方向，各地方政府应扩大对市场主导型 FDI 的引资规模；在参与全球价值链分工方面，各地方政府应加强与 OECD 等发达国家的纵向分工合作，提高来自 OECD 等发达国家的中间产品进口份额；在应对环境污染引致的群体性疾病方面，由于环境规制能通过劳动力身体健康改善的路径促进劳动生产率的提升，因此，为有效保障劳动力的身体健康状况，应建立由环境污染引致的群体性疾病的预警机制与应对机制。首先，定期监测并公布环境污染水平数据，有助于提示社会公众减少出行时间或加强保护措施，同时通过连续的污染监测数据的公布，引导社会公众关注环境质量变动，逐渐提升生产活动与消费活动中的环保意识，并主动参与环保活动，从而形成环境保护的社会舆论氛围，以社会舆论的压力推动地方政府及时调整并切实履行环境规制，同时以消费者环保消费方式的转变促进企业从事环境技术创新活动；其次，完善医保制度，提高地方医疗服务水平，特别是提升由环境污染引致的群体性疾病的应对能力。

三、以"产学研用"创新平台全方位支撑环境技术创新能力培养

研究结论显示，高成本环境规制会通过倒逼企业实施生产过程的技术创新活动以对劳动力产生积极效应，因此，企业环境技术研发创新能力的培养是关键。由于在清洁技术领域存在技术—制度锁定效应，清洁技术创新不是自然而然的过程，需要来自外部助力以打破清洁技术自主创新的壁垒，首先需要构建有效的环境规制体系，以优势企业作为"优势企业、研究机构、高等院校、市场用户"多方合作的"产学研用"创新平台的核心枢纽，链接市场需求与研究机构、高等院校之间的关联，促进工业企业环境技术研发创新能力的提升。

在环境技术的创新领域，存在的突出问题表现在，科研机构与高等院校的研发创新成果较少，且大多集中在外围环境技术领域，市场转化率与产业转化率极低。如《中国创新型企业发展报告 2010》显示，以太阳能、交通工具、建筑与工业节能三个环境技术专利申请最多的领域为例，内资企业专利申请数量不及跨国企业的 1/10，且国内专利申请主要集中在科研机构与高等院校。从国内外环境技术有效专利类型的比较来看，2009 年，中国实用新型专利与外观设计专利占国内环境技术有效专利的比重分别达 46.8% 与 38.1%，而技术水平较高的发明专利仅占 15.1%，同期发达国家的有效专利平均构成与此相反，技术水平较高的发明专利份额高达 79%，外观设计专利份额为 18.9%，而实用新型专利份额仅为 2.1%，尽管内资企业在太阳能技术、风电技术等环境技术领域处于国际领先水平，直观地反映出总体上中国在环境核心技术领域的研发创新能力方面，与发达国家之间存在着巨大的差距。参照中国科技成果转化率的全国平均水平，市场转化率不及 20%，而产业转化率甚至仅为 5% 左右。因此，问题

的核心在于科研机构与高等院校同优势企业之间缺少双向互动的长效机制，致使科研机构与高等院校科研人员的创新成果与市场需求严重脱节，难以形成"创新—市场回报—深入创新"的良性循环机制。

除了完善环境技术创新的激励机制以外，现有成熟技术的推广与应用也是需要关注的重点，从短期资本投入的节能水平变化来看，对节能效率较为突出的成熟技术的吸收与推广应用，能在较短的时间内实现能源消耗及污染排放水平的降低。因此，各地方政府应充分运用生产与消费补贴、减税等多样化政策来协助企业开拓清洁技术产品的市场需求，保障企业从事清洁技术创新活动的利润回报，如通过招投标的方式将企业污染治理业务委托从事环境治理活动的专业公司处理，以最小化污染治理的成本，为确保环境治理活动的切实开展，地方政府可组织招投标活动并监督治理活动的成效，发挥地方政府在清洁技术推广过程中的引导而非主导作用。

主要参考文献

［1］蔡昉、都阳、王美艳：《经济发展方式转变与节能减排内在动力》，载《经济研究》2008 年第 6 期。

［2］陈继勇、盛杨怿：《外商直接投资的知识溢出与中国区域经济增长》，载《经济研究》2008 年第 12 期。

［3］陈媛媛：《行业环境管制对就业影响的经验研究：基于 25 个工业行业的实证分析》，载《当代经济科学》2011 年第 5 期。

［4］董敏杰、梁泳梅、李钢：《环境规制对中国出口竞争力的影响——基于投入产出表的分析》，载《中国工业经济》2011 年第 3 期。

［5］段琼、姜太平：《环境标准对国际贸易竞争力的影响——中国工业部门的实证分析》，载《国际贸易问题》2002 年第 12 期。

［6］樊勇、张宏伟：《碳税对我国城镇居民收入分配的累退效应与碳补贴方案设计》，载《经济理论与经济管理》2013 年第 7 期。

［7］傅京燕、李丽莎：《环境规制，要素禀赋与产业国际竞争力的实证研究——基于中国制造业的面板数据》，载《管理世界》2010 年第 10 期。

［8］高帆：《中国劳动生产率的增长及其因素分解》，载《经济理论与经济管理》2007 年第 4 期。

［9］高宏霞、杨林、付海东：《中国各省经济增长与环境污染关系的研究与预测——基于环境库兹涅茨曲线的实证分析》，载《经济学动态》2012 年第 1 期。

［10］韩超、王海：《地区竞争、资本禀赋与环境规制——门槛识别与非线性影响》，载《财经问题研究》2014 年第 2 期。

［11］韩贵锋、徐建华、马军杰等：《基于高程的环境库兹涅茨曲线实证分析》，载《中国人口·资源与环境》2007年第2期。

［12］韩晶、陈超凡、施发启：《中国制造业环境效率，行业异质性与最优规制强度》，载《统计研究》2014年第3期。

［13］韩玉军、陆旸：《经济增长与环境的关系——基于对CO_2环境库兹涅茨曲线的实证研究》，载《经济理论与经济管理》2009年第3期。

［14］何立华、金江：《自然资源、技术进步与环境库兹涅茨曲线》，载《中国人口·资源与环境》2010年第2期。

［15］何小钢、张耀辉：《行业特征，环境规制与工业CO_2排放——基于中国工业36个行业的实证考察》，载《经济管理》2011年第11期。

［16］胡剑锋、朱剑秋：《水污染治理及其政策工具的有效性——以温州市平阳县水头制革基地为例》，载《管理世界》2008年第5期。

［17］黄德春、刘志彪：《环境规制与企业自主创新——基于波特假设的企业竞争优势构建》，载《中国工业经济》2006年第3期。

［18］黄顺武：《环境规制对FDI影响的经验分析：基于中国的数据》，载《当代财经》2007年第6期。

［19］贾瑞跃、赵定涛：《工业污染控制绩效评价模型：基于环境规制视角的实证研究》，载《系统工程》2012年第6期。

［20］江珂、卢现祥：《环境规制相对力度变化对FDI的影响分析》，载《中国人口·资源与环境》2011年第12期。

［21］焦俊、李垣：《企业绿色价值链及其持续竞争优势的形成》，载《科技进步与对策》2008年第11期。

［22］李斌、彭星：《中国对外贸易影响环境的碳排放效应研究——引入全球价值链视角的实证分析》，载《经济与管理研究》2011年第7期。

［23］李斌、彭星：《环境规制工具的空间异质效应研究——基于政府职能转变视角的空间计量分析》，载《产业经济研究》2013年

第 6 期。

[24] 李勃昕、韩先锋、宋文飞：《环境规制是否影响了中国工业 R&D 创新效率》，载《科学学研究》2013 年第 7 期。

[25] 李宏兵、赵春明：《环境规制影响了我国中间品出口吗——来自中美行业面板数据的经验分析》，载《国际经贸探索》2013 年第 6 期。

[26] 李怀政：《环境规制，技术进步与出口贸易扩张——基于我国 28 个工业大类 VAR 模型的脉冲响应与方差分解》，载《国际贸易问题》2011 年第 12 期。

[27] 李静、沈伟：《环境规制对中国工业绿色生产率的影响——基于波特假说的再检验》，载《山西财经大学学报》2012 年第 2 期。

[28] 李玲、陶锋：《中国制造业最优环境规制强度的选择——基于绿色全要素生产率的视角》，载《中国工业经济》2012 年第 5 期。

[29] 李梦洁：《环境规制、行业异质性与就业效应——基于工业行业面板数据的经验分析》，载《人口与经济》2016 年第 1 期。

[30] 李梦洁、杜威剑：《环境规制与就业的双重红利适用于中国现阶段吗？——基于省际面板数据的经验分析》，载《经济科学》2014 年第 4 期。

[31] 李平、慕绣如：《环境规制技术创新效应差异性分析》，载《科技进步与对策》2013 年第 6 期。

[32] 李强、聂锐：《环境规制与中国大中型企业工业生产率》，载《中国地质大学学报：社会科学版》2010 年第 4 期。

[33] 李婉红、毕克新、孙冰：《环境规制强度对污染密集行业绿色技术创新的影响研究——基于 2003～2010 年面板数据的实证检验》，载《研究与发展管理》2013 年第 6 期。

[34] 李小平、卢现祥、陶小琴：《环境规制强度是否影响了中国工业行业的贸易比较优势》，载《世界经济》2012 年第 4 期。

[35] 李阳、党兴华、韩先锋等：《环境规制对技术创新长短期

影响的异质性效应——基于价值链视角的两阶段分析》，载《科学学研究》2014年第6期。

［36］李时兴：《偏好、技术与环境库兹涅茨曲线》，载《中南财经政法大学学报》2012年第1期。

［37］梁俊：《中国高技术产业的劳动生产率差异——基于DEA的实证分析》，载《上海经济研究》2012年第3期。

［38］梁伟、张慧颖、姜巍：《环境税"双重红利"假说的再检验——基于地方税视角的分析》，载《财贸研究》2013年第4期。

［39］林伯强、蒋竺均：《中国二氧化碳的环境库兹涅茨曲线预测及影响因素分析》，载《管理世界》2009年4期。

［40］聂爱云、何小钢：《企业绿色技术创新发凡：环境规制与政策组合》，载《改革》2012年第4期。

［41］陆旸：《环境规制影响了污染密集型商品的贸易比较优势吗?》，载《经济研究》2009年第4期。

［42］陆旸：《中国的绿色政策与就业：存在双重红利吗?》，载《经济研究》2011年第7期。

［43］陆旸：《从开放宏观的视角看环境污染问题：一个综述》，载《经济研究》2012年第2期。

［44］刘华军、闫庆悦：《贸易开放、FDI与中国CO_2排放》，载《数量经济技术经济研究》2011年第3期。

［45］罗军：《经济开放与技术进步影响我国劳动力就业的实证分析》，载《财经科学》2014年第4期。

［46］马士国：《征收硫税对中国二氧化硫排放和能源消费的影响》，载《中国工业经济》2008年第2期。

［47］孟凡臣、李子：《外商在华投资不同进入模式的区位选择研究》，载《西南交通大学学报：社会科学版》2006年第3期。

［48］孟晓飞、刘洪：《绿色管理塑造企业绿色竞争优势》，载《华东经济管理》2003年第4期。

［49］齐晔：《"十一五"中国经济的低碳转型》，载《中国人口·资源与环境》2011年第10期。

［50］齐晔：《中国低碳发展报告（2011～2012）》，社会科学文献出版社 2011 年版。

［51］沈能、刘凤朝：《高强度的环境规制真能促进技术创新吗？——基于"波特假说"的再检验》，载《中国软科学》2012 年第 4 期。

［52］盛斌：《中国对外贸易政策的政治经济分析》，上海人民出版社 2002 年版。

［53］陶长琪、周璇：《环境规制，要素集聚与全要素生产率的门槛效应研究》，载《当代财经》2015 年第 1 期。

［54］王兵、吴延瑞、颜鹏飞：《环境管制与全要素生产率增长：APEC 的实证研究》，载《经济研究》2008 年第 3 期。

［55］王锋正、郭晓川、赵黎：《环境规制，技术进步与二氧化硫排放——基于省际面板数据的实证研究》，载《郑州大学学报：哲学社会科学版》2014 年第 4 期。

［56］王国印、王动：《波特假说，环境规制与企业技术创新——对中东部地区的比较分析》，载《中国软科学》2011 年第 1 期。

［57］王杰、刘斌：《环境规制与企业全要素生产率——基于中国工业企业数据的经验分析》，载《中国工业经济》2014 年第 3 期。

［58］王玲：《基于指数方法的中国劳动生产率增长实证分析》，载《统计研究》2003 年第 1 期。

［59］王鹏、陆浩然：《基于行业细分的我国制造业就业技能结构影响因素研究》，载《产经评论》2013 年第 5 期。

［60］王文普：《环境规制竞争对经济增长效率的影响：基于省级面板数据分析》，载《当代财经》2011 年第 9 期。

［61］王文普：《环境规制，空间溢出与地区产业竞争力》，载《中国人口·资源与环境》2013 年第 8 期。

［62］王文举、范允奇：《碳税对区域能源消费，经济增长和收入分配影响实证研究》，载《长江流域资源与环境》2012 年第 4 期。

［63］王勇、施美程、李建民：《环境规制对就业的影响——基于中国工业行业面板数据的分析》，载《中国人口科学》2013 年第 3 期。

［64］彭星、李斌、金培振：《文化非正式制度有利于经济低碳转型吗？地方政府竞争视角下的门限回归分析》，载《财经研究》2013 年第 7 期。

［65］闫文娟、郭树龙、史亚东：《环境规制、产业结构升级与就业效应：线性还是非线性？》，载《经济科学》2012 年第 6 期。

［66］夏杰长：《我国劳动就业结构与产业结构的偏差》，载《中国工业经济》2000 年第 1 期。

［67］夏永久、陈兴鹏、李娜：《西北河谷型城市环境政策评价研究——以兰州市为例》，载《兰州大学学报：自然科学版》2006 年第 2 期。

［68］肖宏：《环境规制约束下污染密集型企业越界迁移及其治理》，复旦大学博士学位论文 2008 年。

［69］谢凡、杨兆庆：《环境规制对劳动生产率的影响——基于京津冀面板数据联立方程组模型分析》，载《西北人口》2015 年第 1 期。

［70］辛永容、陈圻、肖俊哲：《我国制造业劳动生产率因素分解——基于非参数 DEA 的动态研究》，载《系统工程》2008 年第 5 期。

［71］许广月、宋德勇：《中国碳排放环境库兹涅茨曲线的实证研究——基于省域面板数据》，载《中国工业经济》2010 年第 5 期。

［72］徐敏燕、左和平：《集聚效应下环境规制与产业竞争力关系研究——基于"波特假说"的再检验》，载《中国工业经济》2013 年第 3 期。

［73］许士春、何正霞、龙如银：《环境规制对企业绿色技术创新的影响》，载《科研管理》2012 年第 6 期。

［74］许士春、何正霞、龙如银：《环境政策工具比较：基于企业减排的视角》，载《系统工程理论与实践》2012 年第 11 期。

［75］杨东宁、周长辉：《企业环境绩效与经济绩效的动态关系模型》，载《中国工业经济》2004 年第 4 期。

［76］杨林、高宏霞：《经济增长是否能自动解决环境问题——

倒 U 型环境库兹涅茨曲线是内生机制结果还是外部控制结果》，载
《中国人口·资源与环境》2012 年第 8 期。

[77] 杨海生、陈少凌、周永章：《地方政府竞争与环境政策——来自中国省份数据的证据》，载《南方经济》2008 年第 6 期。

[78] 杨俊、盛鹏飞：《环境污染对劳动生产率的影响研究》，载《中国人口科学》2012 年第 5 期。

[79] 杨文举、张亚云：《中国地区工业的劳动生产率差距演变——基于 DEA 的经验分析》，载《经济与管理研究》2010 年第 10 期。

[80] 杨涛：《环境规制对中国 FDI 影响的实证分析》，载《世界经济研究》2003 年第 5 期。

[81] 原毅军、刘柳：《环境规制与经济增长：基于经济型规制分类的研究》，载《经济评论》2013 年第 1 期。

[82] 叶强生、武亚军：《转型经济中的企业环境战略动机：中国实证研究》，载《南开管理评论》2010 年第 3 期。

[83] 尹显萍：《环境规制对贸易的影响——以中国与欧盟商品贸易为例》，载《世界经济研究》2008 年第 7 期。

[84] 殷宝庆：《环境规制与我国制造业绿色全要素生产率——基于国际垂直专业化视角的实证》，载《中国人口资源与环境》2012 年第 12 期。

[85] 殷德生、唐海燕、黄腾飞：《FDI 与中国的高技能劳动需求》，载《世界经济》2011 年第 9 期。

[86] 应瑞瑶、周力：《外商直接投资、工业污染与环境规制——基于中国数据的计量经济学分析》，载《财贸经济》2006 年第 1 期。

[87] 于峰、齐建国：《中国外商直接投资环境效应的经验研究》，载《国际贸易问题》2007 年第 8 期。

[88] 袁枫：《环境规制与 FDI 区域非均衡增长研究》，载《求索》2013 年第 3 期。

[89] 余官胜：《贸易开放、FDI 和环境污染治理——以工业废水

治理为例》，载《中国经济问题》2011 年第 6 期。

[90] 张崇辉、苏为华、曾守桢：《基于 CHME 理论的环境规制水平测度研究》，载《中国人口·资源与环境》2013 年第 1 期。

[91] 张华、魏晓平：《绿色悖论抑或倒逼减排——环境规制对碳排放影响的双重效应》，载《中国人口·资源与环境》2014 年第 9 期。

[92] 张金昌：《中国的劳动生产率：是高还是低？——兼论劳动生产率的计算方法》，载《中国工业经济》2002 年第 4 期。

[93] 张玲、杨文选：《污染削减——基于市场环境政策工具的分析》，载《开发研究》2007 年第 5 期。

[94] 张为付、周长富：《中国碳排放轨迹呈现库兹涅茨倒 U 型吗？——基于不同区域经济发展与碳排放关系分析》，载《经济管理》2011 年第 6 期。

[95] 张三峰、曹杰、杨德才：《环境规制对企业生产率有好处吗？——来自企业层面数据的证据》，载《产业经济研究》2011 年第 5 期。

[96] 张先锋、王瑞、张庆彩：《环境规制、产业变动的双重效应与就业》，载《经济经纬》2015 年第 4 期。

[97] 张学刚、钟茂初：《环境库兹涅茨曲线再研究——基于政府管制的视角》，载《中南财经政法大学学报》2009 年第 6 期。

[98] 张征宇、朱平芳：《地方环境支出的实证研究》，载《经济研究》2010 年第 5 期。

[99] 赵定涛、卢正刚：《转轨国家中的政府俘获问题研究》，载《公共管理学报》2005 年第 2 期。

[100] 赵霄伟：《地方政府间环境规制竞争策略及其地区增长效应——来自地级市以上城市面板的经验数据》，载《财贸经济》2014 年第 10 期。

[101] 赵玉焕：《环境规制对我国纺织品贸易的影响》，载《经济管理》2009 年第 7 期。

[102] 朱平芳、张征宇、姜国麟：《FDI 与环境规制：基于地方

分权视角的实证研究》，载《经济研究》2011 年第 6 期。

[103] 朱平辉、袁加军、曾五一：《中国工业环境库兹涅茨曲线分析——基于空间面板模型的经验研究》，载《中国工业经济》2010年第 6 期。

[104] 朱轶、吴超林：《中国工业资本深化的区域特征与就业效应——兼论分权体制下资本深化态势的应对》，载《南开经济研究》2010 年第 5 期。

[105] 邹骥：《2009/10 中国人类发展报告——迈向低碳经济和社会的可持续未来》，联合国开发计划署 2010 年版。

[106] Acemoglu, D., 2002: Directed Technical Change, The Review of Economic Studies, Vol. 69, No. 4.

[107] Aldy, J. E. and Pizer, W. A., 2011: The competitiveness impacts of climate change mitigation policies, National Bureau of Economic Research, No. 17705.

[108] Alpay, E., Kerkvliet, J., and Buccola, S., 2002: Productivity Growth and Environmental Regulation in Mexican and US Food Manufacturing, American Journal of Agricultural Economics, Vol. 84, No. 4.

[109] Ambec, S. and Lanoie, P., 2008: Innovation at the Service of the Environment and Business Performance.

[110] Ang, J. B., 2009: CO_2 Emissions, Research and Technology Transfer in China, Ecological Economics, Vol 68, No. 10.

[111] Aske, D. R., 1994: Economic Development and Environmental Regulations: the Impact of State Environmental Regulatory Climates on State Manufacturing Employment, Regional Science Perspectives, Vol. 24, No. 2.

[112] Barbera, A. J., and McConnell, V. D., 1990: The Impact of Environmental Regulations on Industry Productivity: Direct and Indirect Effects, Journal of Environmental Economics and Management, Vol. 18, No. 1.

[113] Blanchflower, D. G. , Oswald, A. J. and Sanfey, P. , 1996: Wages, Profits and Rent-sharing, Quarterly Journal of Economics, Vol. 111, No. 1.

[114] Barrett, S. , 1994: Strategic Environmental Policy and Intrenational Trade, Journal of public Economics, Vol. 54, No. 3.

[115] Bartel, A. P. and Thomas, L. G. , 1987: Predation through Regulation: the Wage and Profit Effects of the Occupational Safety and Health Administration and the Environmental Protection Agency, Journal of Law and Economics.

[116] Bayer, P. , Keohane, N. and Timmins, C. , 2009: Migration and Hedonic Valuation: The Case of Air Quality, Journal of Environmental Economics and Management, Vol. 58, No. 1.

[117] Becker, R. and Henderson, V. , 1997: Effects of Air Quality Regulation on in Polluting Industries, National Bureau of Economic Research.

[118] Berman, E. and Bui, L. , 2001: Environmental regulation and labor demand: Evidence from the south coast air basin, Journal of Public Economics, Vol 79, No. 2.

[119] Bezdek, R. H. and Wendling, R. M. , 2005: Potential Long-term Impacts of Changes in US Vehicle Fuel Efficiency Standards, Energy Policy, Vol. 33, No. 3.

[120] Bowen, F. E. , Cousins, P. D. , Lamming, R. C. , et al. , 2001: The Role of Supply Management Capabilities in Green Supply, Production and Operations Management, Vol. 10, No. 2.

[121] Brännlund, R. and Lundgren, T. , 2010: Environmental Policy and Profitability: Evidence from Swedish Industry, Environmental Economics and Policy Studies, Vol 12, No. 1.

[122] Buysse, K. and Verbeke, A. , 2003: Proactive Environmental Strategies: a Stakeholder Management Perspective, Strategic Management Journal, Vol. 24, No. 5.

[123] Callan, S. and Thomas, J., 2006: Environmental Economics and Management: Theory, Policy and Applications, Cengage Learning.

[124] Campo, M. L., 2004: Environmental Policy and Wage Setting, Economía Agrariay Recursos Naturales, Vol. 4, No. 7.

[125] Cave, L. A., and Blomquist, G. C., 2008: Environmental Policy in the European Union: Fostering the Development of Pollution Havens? Ecological Economics, Vol. 65, No. 2.

[126] Chung, S., 2014: Environmental Regulation and Foreign Direct Investment: Evidence from South Korea, Journal of Development Economics, No. 1.

[127] Chakrabarti, S., and Mitra, N., 2005: Economic and Environmental Impacts of Pollution Control Regulation on Small Industries: a Case Study, Ecological Economics, Vol. 54, No. 1.

[128] Chao, C. C., Laffargue, J. P. and Sgro, P. M., 2012: Environmental Control, Wage Inequality and National Welfare in a Tourism Economy, International Review of Economics & Finance, Vol. 22, No. 1.

[129] Chao, C. C. and Yu, E. S., 2003: Jobs, Production Linkages, and the Environment, Journal of Economics, Vol. 79, No. 2.

[130] Choe, C. and Yin, X., 2000: Contract Management Responsibility System and Profit Incentives in China's State-owned Enterprises, China Economic Review, Vol. 11, No. 1.

[131] Ciocirlan, C. E., and Yandle, B., 2003: The Political Economy of Green Taxation in OECD Countries, European Journal of Law and Economics, Vol. 15, No. 3.

[132] Claassen, R., Cattaneo, A., and Johansson, R., 2008: Cost-effective Design of Agri-environmental Payment Programs: US Experience in Theory and Practice, Ecological economics, Vol. 65, No. 4.

[133] Cleff, T. and Rennings, K., 1999: Determinants of Envi-

ronmental Product and Process Innovatio, European Environment, Vol. 9, No. 5.

[134] Cole, M. A. and Elliott, R. J. R. , 2003: Determining the Trade-Environment Composition Effect: the Role of Capital, Labor and Environmental Regulations, Journal of Environmental Economics and Management, Vol. 46, No. 3.

[135] Cole, M. A. , Robert, J. and Shimamoto, K. , 2005: Why the Glass Is Not Always Greener: The Competing Effects of Environmental Regulations and Factor Intensities on US Specialization, Ecological Economics, Vol. 54, No. 1.

[136] Cole, M. A. and Elliott, R. J. , 2007: Do Environmental Regulations Cost Jobs? An Industry-level Analysis of the UK, The BE Journal of Economic Analysis & Policy, Vol. 7, No. 1.

[137] Connolly, M. , 1997: Learning to Learn: The Role of Imitation and Trade in Technological Diffusion, Duke University Working Paper.

[138] Conrad, K. , and Wastl, D. , 1995: The Impact of Environmental Regulation on Productivity in German Industries. Empirical Economics, Vol. 20, No. 4.

[139] Copeland, B. R. and Taylor, M. S. 2003: Trade, Growth and the Environment, NBER Working Paper.

[140] Curtis, M. , 2012: Who Loses under Power Plant Cap-and-Trade Programs? Estimating the Impact of the NOx Budget Trading Program on Manufacturing Employment, Georgia State Mimeograph.

[141] Daitoh, I. , 2003: Environmental Protection and Urban Unemployment: Environmental Policy Reform in a Polluted Dualistic Economy, Review of Development Economics, Vol 7, No. 3.

[142] Dasgupta, S. , Laplante, B. , Wang, H. and Wheeler, D. , 2002: Confronting the Environmental Kuznets Curve, The Journal of Economic Perspectives, Vol. 16, No. 1.

[143] David, W., 2001: Racing to the Bottom? Foreign Investment and Air Pollution in Developing Countries, The Journal of Environmental Development, No. 10.

[144] David, F., B., Rebecca, S., Stephen, H., et al., 2000: The Environment Kuznets Curve: Exploring a Fresh Specification, CE Sifo Working Paper.

[145] Dean, J. M., Lovely, M. E. and Wang, H., 2009: Are Foreign Investors Attracted to Weak Environmental Regulations? Evaluating the Evidence from China, Journal of Development Economics, No. 90.

[146] Delmas, M. A. and Pekovic, S., 2013: Environmental Standards and Labor Productivity: Understanding the Mechanisms That Sustain Sustainability, Journal of Organizational Behavior, Vol. 34, No. 2.

[147] Denison, E. F., 1974: Accounting for United States economic growth, 1929 – 1969.

[148] Ederington, J. and Minier, J., 2003: Is Environmental Policy a Secondary Trade Barrier? An Empirical Analysis, Canadian Journal of Economics/Revue canadienne d'économique, Vol. 36, No. 1.

[149] Esty, D. C. and Dua, A., 1997: Sustaining the Asia Pacific Miracle: Environmental Protection and Economic Integration, Peterson Institute Press: All Books.

[150] Esty, D., and Geradin, D., 1998: Environmental Protection and International Competitiveness: A Conceptual Framework, Faculty Scholarship Series.

[151] Fare, R., Grosskopf, S. and Lovell, C. K., 1994: Production Frontiers, Cambridge University Press.

[152] Feenstra, R. C. and Hanson, G. H., 1999: The Impact of Outsourcing and High-Technology Capital on Wages: Estimates for the United States, 1979 – 1990, Quarterly Journal of Economics, No. 114.

[153] Fredriksson, P. G. and Millimet, D. L., 2002: Strategic In-

teraction and the Determination of Environmental Policy across US States, Journal of Urban Economics, Vol. 51, No. 1.

[154] Friedl, B. and Getzner, M. , 2003: Determinants of CO_2 Emissions in a Small Open Economy, Ecological Economics, No. 45.

[155] Fullerton, D. and Monti, H. , 2013: Can Pollution Tax Rebates Protect Low-wage Earners? Journal of Environmental Economics and Management, Vol. 66, No. 3.

[156] Gawande, K. , R. P. Berrens, A. K. Bohara, 2001: A Consumption-based Theory of the Environmental Kuznets Curve, Ecological Economics, Vol. 37.

[157] Goldar, B. and Banerjee, N. , 2004: Impact of Informal Regulation of Pollution on Water Quality in Rivers in India, Journal of Environmental Management, Vol. 73, No. 2.

[158] Gollop, F. M. , and Roberts, M. J. , 1983: Environmental Regulations and Productivity Growth: The Case of Fossil-fueled Electric Power Generation, The Journal of Political Economy.

[159] Gray, W. B. and Shadbegian, R. J. , 1995: Pollution Abatement Costs, Regulation, and Plant-level Productivity, National Bureau of Economic Research.

[160] Gray, W. B. and Shadbegian, R. J. , 2003: Plant vintage, technology, and environmental regulation, Journal of Environmental Economics and Management, Vol. 46, No. 3.

[161] Grey, K. and Brank, D. , 2002: Environmental Issues in Policy-Based Competition for Investment: A Literature Review, ENV/EPOC/GSP.

[162] Grossman, M. , 1972: On the Concept of Health Capital and the Demand for Health, Journal of Political Economy, Vol. 80, No. 2.

[163] Grossman, G. M. and Helpman, E. , 1991: Innovation and Growth in the world Economy, Cambridge, MA: MIT Press.

[164] Grossman, G. M. and Krueger, A. B. , 1991: Environmental Impact of a North American Free Trade Agreement, NBER Working Paper.

[165] Hafstead, M. A. C. , Williams, III. R. C. , 2016: Unemployment and Environmental Regulation in General Equilibrium. National Bureau of Economic Research.

[166] Hanna, R. and Oliva, P. , 2011: The effect of pollution on labor supply: Evidence from a natural experiment in Mexico City, National Bureau of Economic Research.

[167] Harris J. L. , Chambers, D. , et al. , 2009: Taking the "U" Out of Kuznets A Comprehensive Analysis of the EKC and Environmental Degradation, Ecological Economics, Vol. 68.

[168] Hazilla, M. and Kopp, R. J. , 1990: Social Cost of Environmental Quality Regulations: A general Equilibrium Analysis, Journal of Political Economy.

[169] Henderson, V. , 1995: Effects of Air Quality Regulation, National Bureau of Economic Research.

[170] Henderson, D. J. and Russell, R. R. , 2005: Human Capital and Convergence: A Production-Frontier Approach, International Economic Review, Vol. 46, No. 4.

[171] Ho, M. S. , 2008: Morgenstern, R. D. and Shih, J. S. , Impact of Carbon Price Policies on US Industry.

[172] Hoffman, B. J. , Blair, C. A. , Meriac, J. P. and Woehr, D. J. , 2007: Expanding the Criterion Domain? A Quantitative Review of the OCB Literature, Journal of Applied psychology, Vol. 92, No. 2.

[173] Hollenbeck, K. , 1979: The Employment and Earnings Impacts of the Regulation of Stationary Source Air Pollution, Journal of Environmental Economics and Management, Vol. 6, No. 3.

[174] Horbach, J. , Rammer, C. and Rennings, K. , 2012: Determinants of Eco-innovations by Type of Environmental Impact—The Role

of Regulatory Push/pull, Technology Push and Market Pull, Ecological Economics, No. 78.

[175] Horbach, J. and Rennings, K. , 2013: Environmental Innovation and Employment Dynamics in Different Technology Fields—An Analysis Based on the German Community Innovation Survey 2009, Journal of Cleaner Production, No. 57.

[176] Hummels, D. , Ishii, J. and Yi, K. M. , 2001: The Nature and Growth of Vertical Specialization in World Trade, Journal of International Economics, Vol. 54, No. 1.

[177] Hutchinson, E. , Kennedy, P. W. , and Martinez, C. , 2010: Subsidies for the Production of Cleaner Energy: When Do They Cause Emissions to Rise? The BE Journal of Economic Analysis & Policy, Vol. 10, No. 1.

[178] Jaffe, A. B. , Peterson, S. R. , Portney, P. R. , and Stavins, R. N. , 1995: Environmental Regulation and the Competitiveness of US Manufacturing: What Does the Evidence Tell Us? Journal of Economic literature.

[179] Jaffe, A. B. , and Palmer, K. , 1997: Environmental Regulation and Innovation: a Panel Data Study, Review of Economics and Statistics, Vol. 79, No. 4.

[180] Jie, H. , 2006: Pollution Haven Hypothesis and Environmental Impacts of Foreign Direct Investment: The Case of Industrial Emission of Sulfur Dioxide (SO_2) in Chinese Provinces, Ecological Economics, No. 60.

[181] Jorgenson, D. W. , and Wilcoxen, P. J. , 1990: Environmental Regulation and US Economic Growth, The Rand Journal of Economics.

[182] Kahn, M. E. and Mansur, E. T. , 2010: How Do Energy Prices, and Labor and Environmental Regulations Affect Local Manufacturing Employment Dynamics? A Regression Discontinuity Approach, Nation-